Wohnen am Wasser

Collection Rolf Heyne

Elizabeth McMillian

Wohnen am *Wasser*

WILHELM HEYNE VERLAG
MÜNCHEN

Titel der englischen Originalausgabe:
Living on the Water
Ins Deutsche übertragen von
Berhard Kleinschmidt
Redaktion: Susanne Baumann

Die Originalausgabe erschien 1998 bei Thames and Hudson Ltd, London

Umschlaggestaltung: Hauptmann und Kampa Werbeagentur, CH-Zug,
unter Verwendung von Fotos von Michael Jensen und Jeff Goldberg/ESTO
Herstellung: Karlheinz Rau, München
Satz: SatzTeam Berger, Ellenberg

Printed and bound in Singapore

ISBN 3-453-15492-4

Inhalt

Einleitung

Ob sie sich auf eine entfernte Linie ausrichten, wo das Land dem grenzenlosen Horizont des Ozeans in Form einer Felsklippe begegnet, ob sie sich am friedlichen Ufer eines Kanals, eines Sees oder eines Teiches ausbreiten, ob sie direkt über der donnernden Brandung aufragen oder an einer ruhigen Quelle stehen – Häuser am Wasser fangen die sinnliche Poesie dieses Elements ein. Die Welt bietet viele stimmungsvolle Orte am Wasser – Meere und Seen, Buchten und Häfen, Bäche und Kanäle, Grotten und Wasserfälle. Wie alle unsere Vorfahren zieht es auch uns an solche Orte, wo sich die Natur in ihrer ganzen Schönheit entfaltet.

Der wichtigste Eindruck, den ein gelungenes Haus am Wasser vermitteln muß, ist ein ständiges Bewußtsein vom Wasser. Ganz gleich, ob der Kontakt zum Wasser in einen hedonistischen, intellektuellen, spirituellen oder mystischen Kontext gestellt wird – Sinneseindrücke wie Blicke, Geräusche, Gerüche, Feuchtigkeit und Wind führen zu einer Erweiterung des menschlichen Bewußtseins. Eine Reihe von architektonischen und dekorativen Elementen können das Bewußtsein vom Wasser verstärken: die Anzahl und Anordnung der Fenster, die zum Wasser führenden Wege, die Terrassen und Patios, die verschiedenen Ausblicke sowie die Möglichkeit, den

Oben Auf der Insel Capri vor der tyrrhenischen Küste baute der Schriftsteller Curzio Malaparte 1939 ein auffallend modernes Winterquartier. Zu der Dachterrasse des Steinhauses führt eine keilförmige Treppe.

Rechts Die »Casa Mi Ojo« ist durch eine Hängebrücke mit einer Halbinsel an der mexikanischen Costa Careyes verbunden. Der Entwurf stammt von Marco Aldaco, Alberto Mazzoni und Gianfranco Brignone.

Sonnenaufgang und -untergang zu beobachten. Weil Feuchtigkeit und Wind die Materialien und Strukturen stark beanspruchen und da Geräusche, Sonne und Wasser sich negativ auf den Komfort auswirken können, ist es die Aufgabe des Architekten, die richtige Balance zwischen dem sinnlichen Genuß und der Kontrolle der Elemente zu finden. Die Kombination von traditionellen, technisch einfachen und umweltfreundlichen Lösungen mit neuartigen Methoden und Materialien führte zu, interessanten Bauformen mit mehr Komfort.

Kollektives Bewußtsein und regionale Erkenntnisse haben in allen Ländern der Welt kulturelle Traditionen, lokale Bauformen und Gebräuche hervorgebracht, durch die die Kunst, am Wasser zu leben, vervollkommnet wurde. Zu den bekanntesten Orten am Wasser zählen Venedig mit seinen Kanälen, Paris mit der Rive Gauche und seiner Kaffeehauskultur sowie das Tal des Hudson im Norden New Yorks mit seinen volkstümlichen Geschichten – wie der »Sage von Sleepy Hollow« von Washington Irving – und dem Dekor des frühen 20. Jahrhunderts, das Edith Wharton so eindringlich beschrieben hat. Auch in China und Japan fangen Gebäude am Wasser dessen Geist ein. Kanäle und Buchten haben eine praktische Funktion und eine spirituelle Bedeutung: Teiche und Seen sind seit jeher beliebte Standorte für Paläste und Tempel, und sind zudem zugänglich für jeden, der ein kleines Stück vom Himmel abbekommen möchte. Die von langer Tradition zeugenden Häuser des Ostens nutzen das Wasser auf symbolische Weise, um die Trennung der geistigen von der materiellen Welt darzustellen.

Wasser und Kultur

Jede Kultur verleiht dem Wasser eine eigene Bedeutung und hat diesem Element gegenüber eigene metaphorische Bezüge und Bauformen entwickelt. Die meisten Kulturen teilen allerdings ein Spektrum ineinanderfließender mythischer und metaphorischer Deutungen, die den universellen Charakter des Wassers unterstreichen.

Eines dieser Konzepte ist die Verwendung von Natursymbolen für bestimmte metaphorische Bedeutungen, wenn zum Beispiel das tiefe Wasser die Unterwelt darstellt und der Horizont die Unendlichkeit. Ein anderes Konzept setzt Wasser mit Reinigung gleich, die zu geistiger Verjüngung führt. Ein weiteres symbolisches Bedeutungsspektrum bezieht sich auf die therapeutischen Wirkungen des Wassers, die Gesundheit und Schönheit versprechen und die Vorstellung eines mythischen Jungbrunnens entstehen ließen. Damit verbunden ist die Verwendung des Wassers als Symbol von Fruchtbarkeit und Fortpflanzung. In allen Weltreligionen ist Wasser eine Quelle und ein Symbol für das Leben, wobei in manchen Fällen auch die destruktive Seite seiner Kraft zum Ausdruck kommt, die durch Fluten und Stürme Tod und Verderben bringen kann.

Abgesehen von Mythen und Metaphern gelang es dem Menschen erst durch die Erfindung von Wasserfahrzeugen und die Konstruktion von Häfen, die gewaltige Kraft und Herrschaft des Meeres herauszufordern. Dabei erwiesen sich Fischerei, Handel und Verteidigung als die drei Hauptbedürfnisse, die zum Bau urbaner Strukturen am Wasser führten. Sie begründeten und inspirierten den Bau eleganter wie praktischer Behausungen, die in steigender Zahl an den Küsten aus dem Boden wuchsen.

Traditionen des Westens

Im antiken Griechenland waren Quellen und Haine den Göttern geweiht und wie geheiligte Schreine geschmückt. So erhielten auch natürliche Wasserläufe und -flächen eine spirituelle Bedeutung, wobei die vorhandene Topographie und Atmosphäre die Landschaftsgestaltung und den Standort von Gebäuden beeinflußten. Die frühesten Lustgärten wurden inspiriert durch Reiseeindrücke aus Persien, wo die Griechen auf die *Parridaeza* trafen – große, von Teichen umgebene Flächen, bepflanzt mit Blumen, Bäumen und aromatischen Sträuchern. Auf der Basis ihrer Vorstellung von der Bedeutung des Wassers in der Landschaft bauten die Griechen Pavillons, Grotten und Seerosenteiche, gespeist von Brunnen oder Quellen und beschattet von Säulengängen und Alleen, die zu den Gymnasien führten, den Zentren für die philosophische Unterweisung und Diskussion.

Mit der expansiven Herrschaft Alexanders des Großen verbreitete sich die griechische Kultur im ganzen Mittelmeerraum, und modifizierte Versionen der antiken Villen, aufs Meer ausgerichtet und mit Wassergärten verschönert, entstanden in Kleinasien, Nordafrika und anderen griechischen Kolonien. Auf der Basis von Vitruvs Schriften über hellenistische Lustgärten entwarfen die Römer säulengeschmückte Villen und Pavillons, die wie einsame Tempel auf Felsvorsprüngen über dem Meer aufragten. Die topographischen Gegebenheiten an Seen und Meeren inspirierten zu phantasievollen Entwürfen, die die Vorzüge der Aussicht, der Morgensonne und geschützter Standorte erkennen ließen. Terrassenförmig angelegte Gärten, geschickt geplante Feststätten, Bäder, Wandelgänge und Säulenhallen demonstrierten eine besondere Aufmerksamkeit für die natürlichen Gegebenheiten.

Das Interesse an natürlichen Wasserlandschaften führte zum Bau großer römischer Kaiservillen und Gärten am Ufer von Seen und Meeren. Zu diesen gehören Neros »Goldenes Haus«, eine von Lucullus entworfene Villenanlage aus dem 1. Jahrhundert n. Chr., und die von Hadrian in den Jahren 118 bis 138 errichtete Villa in Tivoli. Hadrian ließ dort eine Marmorinsel errichten, auf der er Zuflucht fand, wenn er der Bürde der Regierungsgeschäfte entfliehen wollte. Ursprünglich nur über zwei hölzerne Drehbrücken erreichbar, verfügte sie über Speiseräume, eine kleine Bibliothek und einen zentralen Brunnen, der von einem aufwendigen Säulengang umschlossen wurde.

Vom Fall Roms im 5. Jahrhundert bis zur Zeit der Kreuzfahrer war Byzanz – das heutige Istanbul – das große Handelszentrum des Mittelmeers. Wie Venedig, Genua und Pisa – die bedeutenden Häfen Italiens im Mittelalter – war Byzanz eine befestigte Hafenstadt. Hoch aufragende Türme und Schutzmauern bildeten ein dramatisches Gegenstück zur horizontalen Unendlichkeit von See und Hafen. In England entstanden als *bastides* bezeichnete Festungen am Wasser; in Skandinavien war der zum Land gerichtete Teil solcher Bauten mit Gräben und Zugbrücken gesichert. Ein ähnliches Gefühl der Vereinigung der Gegensätze ruft heute noch der Mont-Saint-Michel hervor, jene im 13. Jahrhundert errichtete Benediktinerabtei, die sich an der Küste der Normandie aus dem Atlantik erhebt. Weder Hafen noch Festung, sondern ein mittelalterlicher Bau, der in den natürlichen Fels gehauen zu sein scheint, ist der Mont-Saint-Michel eine Mischung aus Bauwerk und Insel.

Wassergärten im Stil der Antike

Wasser, gestaltet nach den klassischen Prinzipien von Symmetrie und Geometrie und belebt durch die von Griechen und Römern entwickelte Hydraulik, wurde ein zentraler Bestandteil der herrschaftlichen Wohnsitze der Renaissance und besonders des Barock. Fontänen, Brunnen, Kaskaden und dekorative Skulpturensembles verkörperten die barocke Faszination von Bewegung und unendlichem Raum. Am schönsten kommt dieser Geist in den italienischen Gärten wie dem der Villa d'Este in Tivoli zur Geltung. Monumentale Kaskaden schmücken den Palazzo Reale von Caserta und andere große Anlagen wie Schloß Wilhelmshöhe bei Kassel, das englische Chatsworth und viele der französischen Châteaux im Umkreis von Paris und an der Loire. Auch in den von Ludwig XIV. errichteten Schlössern und Parks, deren charakteristische axiale Grundrisse von André Le Nôtre stammen, wurde das Wasser als dekoratives, visuell dominierendes Element genutzt. Vorhandene Bäche und Seen wurden in die Landschaften um die Schlösser Fontainebleau, Vaux-le-Vicomte und Versailles integriert. Aus heutiger Perspektive ist der barocke Wassergarten eine Erweiterung der Monumentalarchitektur, und ein Raum für höfische Unterhaltung.

Im 16. und 17. Jahrhundert wurden komplizierte Anlagen entwickelt, in denen mit Wasserdruck Fontänen, Wasserorgeln und Kaskaden betrieben wurden, durch die sich natürliche Wasserläufe nachahmen und manipulieren ließen. Ähnlich phantasievolle Konstruktionen gehörten schon zu den größten architektonischen Leistungen der Griechen und Römer, die die sozialen und therapeutischen Qualitäten des Wassers erkannt hatten und sie den Einwohnern ihrer Städte und Kolonien in Form von Aquädukten, öffentlichen Bädern und Trinkbrunnen verfügbar machten.

An den Kanälen von Amsterdam und Venedig

Vom 14. bis 17. Jahrhundert war die Schiffahrt in vielen Ländern der Welt das wichtigste Medium für Transport und Handel. An den großen schiffbaren Flüssen Italiens, Flanderns, Deutschlands und Frankreichs, an der Ostsee, der Nordsee und dem Mittelmeer entstand ein Netz bedeutender Hafenstädte, die mit Kais, Häfen, Arsenalen, Docks und Festungen ausgestattet waren. Besonders in Holland und Flandern wurden die Häfen vergrößert und – in Städten wie Amsterdam und Brügge – durch den Ausbau von Kanalsystemen in regelrechte Stadtlandschaften verwandelt.

Die Niederländer entwickelten Dammsysteme, um den Strom des Wassers zu kontrollieren, Land zu gewinnen und den Handel zu verbessern. Im »Goldenen Zeitalter« Amsterdams – dem 17. Jahrhundert – wurde die Stadt durch ein Arrangement paralleler, durch enge Gassen verbundener Kanäle in Geschäfts- und Wohnbereiche gegliedert. Strikte Bauvorschriften garantierten den architektonischen Zusammenhang. Die an den Kanälen erbauten Häuser der Kaufleute waren von bescheidener Größe. In vielen Fällen waren Warenlager und Wohnung im selben Gebäude untergebracht. Das kühle Klima gestattete nur kleine bis mittelgroße Fenster; selten öffnete sich ein Balkon oder eine Loggia zum Kanal hin. Heute ermöglicht es die Klimatechnik den Nieder-

Philipsburg Manor 1693 begann der Niederländer Frederick Philipse mit dem Bau von »Philipsburg Manor«. Das Wohnhaus und die Getreidemühle mit ihrem malerischen Mühlrad und der Brücke über den Mühlteich gelten als typisches Beispiel für frühe Bauten an Flußläufen, wie sie überall auf der Welt zu finden sind. Das Gebäude steht in North Tarrytown, New York, am Zusammenfluß von Pocantico und Hudson. Fredericks Sohn Adolphus Philipse vergrößerte das steinerne Walmdachhaus im Catskill-Adirondack-Stil um das Doppelte. Die Holzrahmenkonstruktion der Getreidemühle aus dem frühen 18. Jahrhundert gilt als einer der schönsten Bauten des frühen Industriezeitalters.

Sunnyside Glyzinien ranken sich um den neugotischen Stufengiebel am Eingang von Washington Irvings »Sunnyside«. Dahinter fällt der Blick auf einen historischen Abschnitt des Hudson River namens Tappan Zee. Das aus dem 17. Jahrhundert stammende, eineinhalbstöckige Cottage, das Irving 1835 vergrößern und umgestalten ließ, wird durch Gauben, Schornsteinaufsätze und große Fenster akzentuiert. Das Haus ist ein Ensemble aus ziegelgedeckten Elementen sowie einem »spanischen« Turm mit gebogenem Dach – eine Anspielung auf Irvings Reisen als international bekannter Autor und Diplomat.

ländern, ihre Häuser mit großen Glasfronten auszustatten, um den Blick auf das Wasser zu genießen.

Anders als die Wohnhäuser in den niederländischen Kanalstädten reflektieren die Häuser Venedigs die Zugehörigkeit ihrer Bewohner zu unterschiedlichen sozialen Schichten. Hier vermischt sich der byzantinische Stil mit Elementen der Gotik, der Renaissance und des Barock und schafft ein einzigartiges architektonisches Ensemble. Die Lagune von Venedig liegt an der Mündung zweier lombardischer Flüsse, die in die Adria münden; die Wohnhäuser stehen entlang der zwei großen Kanäle, die den alten Flußbetten folgen, sowie an kleineren Kanälen und Plätzen (*Campi*), Straßen und Gassen (*Calli*). Wie in den Niederlanden war der an den Flußufern stehende Haustyp *Casa fondago* ursprünglich eine Kombination aus Wohn- und Geschäftshaus. Diese Gebäude wurden ersetzt durch die Palazzi der erfolgreichen Handelsfürsten, die bevorzugt am Canale Grande residierten. Im Gegensatz zu den niederländischen Häusern und den befestigten Palästen anderswo in Italien öffnen sich die zwei- bis viergeschossigen Palazzi Venedigs mit ihren Fenstern, Türen, Loggien und säulengeschmückten Laderampen zu den Kanälen hin. Eine Vielzahl malerischer Brücken überspannt die Kanäle der Stadt, deren heutiges Bild von den klassizistischen Umbauten des späten 18. und des 19. Jahrhunderts geprägt ist.

Die Häuser am Hudson River

Nach der Fertigstellung des Erie-Kanals im Jahre 1825 erlebte der amerikanische Bundesstaat New York einen Zustrom von mehreren Millionen Menschen aus den benachbarten Bundesstaaten und dem Ausland. Aus Dörfern an den Grenzen entstanden die Städte Rochester, Syracuse, Utica und Buffalo, während die Täler des Hudson und des Mohawk die größte Migration der amerikanischen Geschichte erlebten.

Die Oberschicht ließ sich im Flußtal des Hudson nieder, wo sie elegante Residenzen mit Blick aufs Wasser errichten ließ. Die Idee einer praktischen Architektur bestimmte den Entwurf eines der frühesten »Herrenhäuser« am Hudson, dem Philipsburg Manor. Im heutigen North Tarrytown baute Frederick Philipse am Flußufer ein Steinhaus und eine Getreidemühle; 1720 erweiterte sein Sohn Adolphus die Fläche des Hauses auf die heutige – doppelte – Größe. Die mit Brettern verschalte Mühle und das einfache, weiß getünchte Haus sind typisch für den Catskill-Adirondack-Stil.

Im 19. Jahrhundert wuchs das Interesse an stilistischen Fragen, und am Hudson wurden Villen im Stile des amerikanischen Südens gebaut, die von der Architektur Palladios beeinflußt waren. Die 1820 erbaute Residenz Edgewater ist dafür ein gutes Beispiel. Die weißen, tempelartigen Bauten wichen jedoch bald den Villen des »Gothic Revival«. So ließ auch der bekannte Autor Washington Irving sein aus dem 17. Jahrhundert stammendes Cottage 1835 im gotischen Stil umgestalten. Das »Sunnyside« getaufte Haus in Tappan Zee erfreut sich einer idyllischen Lage direkt am Ufer des Flusses. Der Schöpfer der »Sage von Sleepy Hollow« und von »Rip Van Winkle« muß seine Freude an dem mittelalterlichen Stil des Hauses und den dekorativen Anspielungen auf die bewaldete Umgebung gehabt haben.

Orientalische, islamische und europäische Elemente verbinden sich auf grandiose Weise in der 1874 auf einem Hügel über dem Hudson errichteten viktorianischen Villa des Landschaftsmalers Frederick Edwin Church. Der Künstler, der auf seinen Reisen in die Anden und bis zum Polarkreis vorgedrungen war, stellte auf seinen ungemein populären Bildern mit Vorliebe exotische Landschaften dar. Zwar bediente er sich des professionellen Rats von Calvert Vaux und Frederick Law Olmsted, zweier führender amerikanischer Gartenarchitekten jener Zeit, entwarf die Außen- und Innenarchitektur des »Olana« getauften Hauses aber selbst. »Olana« vereint ornamentale Formen und Motive aus fernen Ländern und vergangenen Zeitaltern; von seinen Türmen, Terrassen und Fenstern bietet sich ein romantischer Blick auf den Hudson.

Hafenstädte in den Kolonien

Der Entstehung kolonialer Hafenstädte wie Kapstadt, Hongkong, Rio de Janeiro, Buenos Aires und Bombay ist es zu verdanken, daß sich die architektonischen Konzepte Westeuropas auf der ganzen Welt verbreiteten. Die Qualität der Beziehung zwischen Stadt und jeweiligem Hafen hing von verschiedenen Faktoren ab: von der Schönheit der Lage (wie in Rio de Janeiro und San Francisco), vom durch den Hafen erworbenen Reichtum (wie in Macão und Hongkong) oder vom Reiz der lokalen Tradition (wie in Indonesien und der Karibik).

Die bis zum Ende des 17. Jahrhunderts gegründeten Hafenstädte in den Kolonien repräsentierten die typischen Bauformen ihrer Mutterländer Spanien, Frankreich, England, Niederlande oder Schweden. In Virginia errichteten die Kolonialherren entlang der Wasserwege von Jamestown Farmen und Pflanzungen. In der Absicht, eine eigene Tradition in der Neuen Welt zu begründen, bevorzugten die wohlhabenden Familien eine

klassizistische, von der herrschenden Mode in England und Frankreich beeinflußte Architektur im Stil Palladios. So sind George Washingtons Domizil »Mount Vernon« und Thomas Jeffersons Anwesen »Monticello« auf Hügeln errichtete palladianische Bauten mit großen, den Blick zum Fluß leitenden Rasenflächen. Es war diese arkadische, von George Washington eingeführte und von Thomas Jefferson formalisierte Bauweise, die später zu den an säulengestützte Tempelgiebel erinnernden Fassaden der großen Pflanzerhäuser am Mississippi führte.

Die großen Siedlungen an der Boston Bay in Massachusetts und auf Manhattan in New York schufen mit ihren Ufergrundstücken, Kais und Molen für Kaufleute und Händler die Möglichkeit, Stadtbewohner mit Häusern am Wasser zu werden. Die Insel Manhattan, umschlossen vom Hudson, vom East River und vom Atlantik, war schon im frühen 17. Jahrhundert besiedelt. Chicago, in Illinois an der Mündung des Chicago River in den Michigansee gelegen, entwickelte sich im 19. Jahrhundert zu einem natürlichen Umschlagplatz für den amerikanischen Mittleren Westen. 1830 verband der Bau eines Kanals zwischen den Großen Seen und dem Mississippi die pragmatische Welt des Mittleren Westens mit dem arkadischen, klassizistischen Süden. Daß Chicago sich später der Moderne öffnete, demonstrieren die am Wasser gelegenen »Lake Shore Drive Apartments« von Mies van der Rohe und das »Marina City« mit seinen Wohnungen, Büros, Läden und Anlegeplätzen für Boote. Auch außerhalb von Chicago ist die Region der Großen Seen reich an modernen Wohnbauten, die von regionalen und internationalen Traditionen beeinflußt worden sind. Das Haus, das Frank Lloyd Wright in Spring Green, Wisconsin, als Residenz und Schule baute, ist nur eines von vielen modernen Meisterwerken, die an Flüssen oder Seen als Feriendomizile entstanden sind.

Die älteste Hafenstadt Nordamerikas ist St. Augustine in Florida, eine typische spanische Kolonialstadt des 16. Jahrhunderts, die sich zwischen 1565 und 1821 entwickelte. Die Loggien und Arkaden ihrer ursprünglichen Häuser öffneten sich zur Küste hin. Der Hafen allerdings prosperierte nicht in erhofftem Maße, so daß die Gebäude am Wasser nie zu architektonischen Besonderheiten wurden.

San Francisco hingegen hat das Beste aus seiner Eigenschaft als Hafenstadt gemacht. 1776 gegründet, profitierte der geschützte Hafen vom Goldrausch um 1850 und von der Anbindung an die transkontinentale Eisenbahnstrecke im Jahre 1896. Zur positiven Entwicklung trugen auch Fischerei, Schiffbau und gewerbliche Betriebe bei. Der Wiederaufbau der Stadt nach dem Erdbeben von 1906 führte zu einem geschärften Bewußtsein für die ästhetischen Qualitäten von Wasser, Topographie, Panorama und historischem Charakter und zu neuen Schutzvorschriften. Die erlassenen Bauvorschriften sorgen für eine geringere Höhe von Gebäuden im Uferbereich, für optische Schneisen und für den Erhalt wichtiger historischer Gebäude. So bietet sich von den eleganten Häusern an den Hängen ein Blick auf die Bucht, die Golden Gate Bridge, die Insel Sausalito oder auf Restaurants und touristische Attraktionen wie Fish Alley, die Becken von Fisherman's Wharf, Black Point Cove und den North Beach.

Trotz des schönen, urbanen Hafenpanoramas besitzen viele Bewohner von San Francisco ebenso wie die von Cannes, Venedig und anderen eleganten Hafenstädten Wochenendhäuser in der Umgebung, von denen aus sie denselben Blick auf das Wasser genießen können, allerdings in der unverfälschten Natur. Sie haben die Wahl zwischen kleinen, ausgedehnten Siedlungen wie Carmel, Pebble Beach, Big Sur oder Sea Ranch an der felsigen Küste Nordkaliforniens. Dort, in den typischen Holzhäusern, die zum Markenzeichen der Gegend geworden sind, läßt sich die vom Wasser geprägte Landschaft unbeschwerter genießen.

Traditionen des Ostens

In der Welt des Islam

In einer islamischen Stadt war die Qualität der Wasserversorgung gleichermaßen Ausdruck von Reichtum wie von geistiger Kraft. Wie auch die Griechen und Römer verwandten die muslimischen Gartenarchitekten Wasser, um Springbrunnen, Kaskaden, Kanäle und Becken anzulegen, die sowohl dynamisch als auch beruhigend wirken sollten. Der *Hamman* (Wassergarten) stand in der Tradition der antiken Thermen mit ihren Wasserspielen, Fontänen und Bädern; ihm fehlten jedoch die für das römische Vorbild typischen Bereiche für physische Aktivitäten. Auch der *Hamman* war ein öffentlicher Raum, aber als solcher ein Ort der Kontemplation, der Meditation und der Muße, ebenso wie die Gärten von Wohnhäusern und Palästen.

Die vor der Zeit des Islam entstandenen Gärten Persiens, in denen das feuchte Element zur Bewässerung und wegen der optischen und akustischen Effekte genutzt wurde, beeinflußten die frühen islamischen Gärten im Nahen Osten. Das Konzept eines privaten, von

Sea Ranch Die Residenz des Ehepaars Alinder in Nordkalifornien erfreut sich der Nähe des Pazifiks und eines rauschenden Baches. Die Gebäude erinnern an einfache Scheunen und damit an die landwirtschaftliche Vergangenheit der Ranch. Die Materialien und gestalterischen Elemente – dicke Pfosten, rostende Eisennägel, einfache Fenster, kupfergrüne Verzierungen, Treppen aus Schienenschwellen und Rasenstücken – harmonieren auf natürliche Weise mit den graubraunen Felsen und dem goldgelben Gras. Mitte der 60er Jahre entstanden hier, an der von starken Winden heimgesuchten, zerklüfteten Küsten Nordkaliforniens mit ihren Klippen, Hügeln und tiefen Buchten die Villen und Apartments der »Sea Ranch«. Entworfen von Moore, Lyndon, Turnbull, Whitaker und dem Gartenarchitekten Lawrence Halprin ist »Sea Ranch« das Modell einer Küstensiedlung, die sich um Harmonie mit der Landschaft ebenso bemüht wie um die Verwendung regionaler Bauformen und die Berücksichtigung des Umweltschutzes.

einem Zaun oder einer Mauer umgebenen Gartens mit Quellen und Springbrunnen, der gleichsam einen Blick ins Paradies – das persische *Parridaeza* – erlaubte, entsprach der islamischen Vorstellung vom Wasser als Quelle des Lebens. Hier verband sich die spirituelle mit der existentiellen Bedeutung, die dem Wasser in einem trockenen Klima zukommt. Das Gelände wurde nach geomantischen Regeln angelegt; als Basis diente ein umzäunter, viereckiger Gartenhof, der durch Kanäle in vier Sektionen unterteilt war – ein Symbol für die vier Flüsse, die dem Mythos nach einer gemeinsamen Quelle entstammen und die Erde durchschneiden.

Vom 8. bis 15. Jahrhundert stand der Süden Spaniens unter islamischer Herrschaft. Aus dieser Zeit stammt eine Fülle ziviler Bauten, darunter auch islamische Wassergärten. Die bekanntesten Beispiele finden sich in Granada. Als erstes Gebäude des heutigen Palastkomplexes wurde 1238 die Festung »Alhambra« in der Sierra Nevada errichtet. Im 14. Jahrhundert bauten die Nasriden ein Palastensemble im heutigen Zentrum des Komplexes, zu dessen Wasserversorgung man den Fluß Darro in Rückhaltebecken leitete. Die Paläste bestehen aus einer Reihe von Pavillons und arkadenumrahmten Höfen, die den Charakter des islamischen Wassergartens vorzüglich zur Geltung bringen. Reich geschmückte Oberflächen, Geräusche, Spiegelungen und Lichtmuster rufen die Assoziation frischen Wassers hervor. An jeder Seite des von Arkaden umgebenen Löwenhofs steht ein Pavillon; das zentrale Becken wird von zwölf steinernen Löwen getragen. Vom Zentrum des Hofes führen Rinnen zu den Pavillons mit schlanken Säulen und Bögen. Das Wasser des Darro belebt auch die Springbrunnen, Becken und Fontänen des angrenzenden »Generalife«, der einstigen Sommerresidenz des Sultans von Granada. Auch hier verbinden sich Pavillons und offene Säulengänge im Stile der Antike mit Kanälen und Brunnen. Der »Generalife« hat verschiedene moderne Bauten inspiriert, darunter »Majorelle«, das von einem Wassergarten umgebene Domizil des Modeschöpfers Yves Saint Laurent in Marrakesch.

Indien und die Wassergärten von Kaschmir und Srinagar

Der Ganges ist der heilige Fluß des Hinduismus. *Ghats* genannte Stufen führen die Gläubigen von den Tempeln zu ihrem täglichen Reinigungsakt an das Wasser hinab. Auch innerhalb von Tempeln entstanden Badebecken. Neben dem Ganges gibt es grottenähnliche Quellen von religiöser Bedeutung, wie überhaupt Orte in der Nähe von Wasserquellen für heilig gehalten werden. Hinduistische Tempel liegen daher oft an Flüssen, Bächen oder Teichen.

Während der Zeit der Mogulherrschaft erreichte der Einfluß der persischen Lustgarten-Architektur auch Nordindien. Die öffentlichen Wassergärten Kaschmirs am Dalsee und in der Hauptstadt Srinagar werden von Staubecken gespeist. Über eine Reihe von Höfen und Terrassen hinweg ergießt sich das Wasser kaskadenartig über absteigende Stufen (*Chadors*) und fließt in geometrische Becken und Springbrunnen. Die Pavillons sind so angeordnet, daß sie einen Blick auf die Gärten und das Panorama der Landschaft freigeben; auch durch sie wird Wasser geleitet.

Jag Mandir Nur mit dem Boot erreichbar ist der Wasserpalast von Udaipur, erbaut inmitten des nordindischen Picholasees. Der Zentralbau besteht aus drei eleganten Aussichtspavillons mit Kuppeldach; an den Seiten ragen überkuppelte Arkaden und Galerien über das Wasser. Der zweigeschossige Komplex aus weißem Stein erhebt sich direkt aus dem See und erscheint durch die Spiegelung im Wasser doppelt so groß. Der Palast, der gegen Ende des 17. Jahrhunderts als Liebesnest eines jungen Prinzen entstand, ist ein Beispiel für die von den Moguln beeinflußte Hindu-Architektur. Er ist im Besitz der Maharani von Udaipur und wird von der Hotelkette Taj unter dem Namen »Lake Palace Hotel« betrieben.

Auch die indischen Paläste verfügen oft über kunstvolle Wassergärten. Das in der Mogulzeit entstandene »Rote Fort« in der Hauptstadt Delhi war ursprünglich ein Wasserpalast, in dem der Ganges die Fontänen, Kaskaden, Wasserfälle und Rinnen durch die Privatgemächer speiste. »Jag Mandir«, ein Inselpalast in Udaipur, dient heute als Hotel, dessen Arkaden und Galerien sich über das Wasser erheben. Die weniger wohlhabenden Bewohner von Kaschmir besitzen einfachere Behausungen auf dem Dalsee und entlang des Flusses durch Srinagar, wo man üblicherweise auf hölzernen Hausbooten wohnt.

China und Japan

Die Grundlage der chinesischen Gestaltungslehre bildet der Gedanke, daß Geist und Materie gleichberechtigt nebeneinander existieren, wodurch es möglich wird, zu innerer Ruhe zu finden und im Einklang mit der Natur zu leben. Auch die archaische Religion Japans betont die Kräfte der Natur. Vor allem unter dem Einfluß der chinesischen Tang-Dynastie bedienten sich die japanischen Gartenarchitekten des Wassers, um die Trennung von spiritueller und materieller Welt zu symbolisieren. Japanische Gärten sind daher ein Ort der Muße und der Meditation über die Natur. In der Heian-Zeit widmete man sich der Erforschung der natürlichen Elemente wie bewaldeter Berge mit Quellen, Bächen und Flüssen, schuf Normen für sie und rekonstruierte sie in Gärten in Form von Hügeln, Felsen, Teichen und Kaskaden, versehen mit Brücken, Pavillons, Pagoden und Schreinen. Auch Elemente der Küstenlandschaft wurden in Gärten integriert: Teiche und Seen – von Quellen gespeist und mit Steinen und Felsen umgeben – schufen ein abwechslungsreiches Bild von Buchten und Klippen. Nach denselben Vorstellungen entwarf man später die Zen-Gärten, in denen Wasserfälle, Brücken und Inseln durch Steine symbolisiert werden und Sand die Wasserflächen repräsentiert.

In Japan stellen die *Torii* (Tore), die von alters her den Eingang zu shintoistischen Schreinen bilden, eine traditionelle Methode der Verbindung von Wasser mit Gebäuden dar. Das rituelle Durchschreiten des Tores symbolisiert den Übergang vom weltlichen zum geheiligten Bereich. Ein spektakuläres Beispiel für ein solches *Torii* steht in der Bucht vor der japanischen Insel Miyajima. Von der einen Seite gesehen rahmen die Balken die Hügel an Land ein, von der anderen die Bucht, so daß das Meer in einen natürlichen Tempel verwandelt wird.

Badeorte und andere Siedlungen am Meer

Häuser am Wasser vermitteln nicht nur ein Bewußtsein vom Wasser, sondern haben vor allem auch einen erholsamen Effekt. Aus ebendiesem Grund liegen so viele beliebte Urlaubsorte an Seen und Meeren. Vielgereiste kennen eine lange Liste faszinierender Orte auf Inseln und an Küsten. Wer dem Trubel der Stadt entfliehen will, findet die gewünschte Ruhe oft schon an einem Fluß oder See.

Schon im frühen 18. Jahrhundert zog es die Menschen zum gesundheitsfördernden Wasser der europäischen Küsten. Städter, die sich nach ländlicher Einfachheit sehnten, begeisterten sich zunehmend für die anheimelnde, malerische Atmosphäre ruhiger Fischerdörfer. Während in England Seebäder wie Brighton aus dem Boden schossen, nutzten auch die Amerikaner ihren neu erworbenen Reichtum zum Bau von Urlaubsorten. Besonders eindrucksvoll sind die gewaltigen Villen Neuenglands. In Rhode Island (Newport), Massachusetts, Connecticut und Maine (Nantucket, Martha's Vineyard, Hyannis Port und Mystic) entstanden Häuser am Meer, bei deren Bau man sich zuerst am aus England importierten georgianischen Stil orientierte und dann eigene, individuelle Varianten schuf. Die Anhänger einer dieser Varianten, des »Schindelstils«, verwendeten Holzschindeln und einheimische Steine, um ihre Häuser in die Umgebung zu integrieren. Bis heute lassen sich Architekten und Designer von diesen regionalen Variationen inspirieren, die sie entweder in traditioneller Form reproduzieren oder experimentell verändern, wobei sie zeitgenössische Strömungen mit berücksichtigen und neue Aspekte des Zugangs zum Wasser suchen.

Die Häuser und Villen von Newport sind einzigartig in der amerikanischen Architekturgeschichte. Im späten 19. Jahrhundert erlebte das mondäne Seebad den Bau zahlreicher Küstenvillen, die mit nichts auf der Welt zu vergleichen sind. Das beste Beispiel ist »The Breakers«, eine traditionelle Villa mit einem überwältigenden Blick auf das Meer. Entworfen hat sie der berühmteste Architekt des »Goldenen Zeitalters« Amerikas, Richard Morris Hunt, im Auftrag von Cornelius Vanderbilt III. Hunts Entwurf mit seinen großen Loggien, Arkaden und Terrassen erinnert an Genueser und Turiner Palazzi aus dem 16. Jahrhundert. Zu dem Anwesen gehört ein fast fünf Kilometer langer gepflasterter Weg entlang des Ozeans, der »Cliff Walk«.

Anfang des 20. Jahrhunderts entstanden auch in Florida elegante Villen am Meer. Die 1914 für den reichen

Chicagoer Industriellen James Deering erbaute »Viscaya«, schmiegt sich als komplexer Bau in die Bucht, so daß eine für das damalige Florida seltene Beziehung zwischen Gebäude und Wasser entstand. Auch hier dienten italienische Villen als Vorbild. Als Baustoffe verwendete man Stahlbeton und Stuck, mit Oolith dekoriert; als Treppenstufen wurden Steinquader aus Florida mit Koralleneinschlüssen verwendet. Zum Schutz seiner beiden Yachten gegen die Brandung ließ Deering einen Wellenbrecher in Form eines 54 Meter langen Steinboots errichten. Das über 70 Hektar große Anwesen beherbergt traditionelle Gärten und eine gestufte Reihe von Pavillons, die an die »Villa d'Este« in Tivoli erinnern, einen 100 Meter langen Hafendamm, einen überkuppelten Pavillon und einen Bootskanal samt Steg.

Überall auf der Welt bieten Zeltplätze und Hütten die Möglichkeit, an Binnengewässern in einer gepflegten und perfekt versorgten Version der Wildnis Zuflucht zu suchen. So sind im 19. und 20. Jahrhundert an Orten wie dem Lago Maggiore und dem Genfer See, entlang der Loire und der Donau viele solcher Urlaubsziele entstanden. In Nordamerika unterhält die Forst- und Parkverwaltung Lagerplätze an Seen und Flüssen. Es gibt zwar eine lange Tradition aufwendig gemauerter Jagdhütten, doch möglicherweise haben auch die Bretter- und Blockhütten, die am Ufer bayerischer und skandinavischer Seen und Flüsse erbaut wurden, den weitverbreiteten Catskill-Adirondack-Stil beeinflußt. Aus heutiger Sicht ist eher anzunehmen, daß er in den simplen Hütten der frühen amerikanischen Siedler wurzelt.

Durch Thomas Durants 1871 fertiggestellte Adirondack Railroad wurde die im Staat New York gelegene Wildnis von Adirondack für den Tourismus zugänglich gemacht. Durants Sohn William gründete Siedlungen und warb für den Ausbau der Region als Urlaubsziel. Das erste Projekt war 1879 das »Camp Pine Knot«, gelegen auf einer in den Raquettesee ragenden Halbinsel. Blockhäuser, deren Geländer und Giebel aus den ungeschälten Zweigen und Ästen von Zedern und Fichten bestanden, waren Ausdruck einer rustikalen Ästhetik, die sich im Innern mit massiven offenen Kaminen aus örtlichem Naturstein und Wand- und Deckenverkleidungen aus Birkenrinde fortsetzte. Als winterfestes Domizil baute William Durant die dreieinhalbstöckige »Sagamore Lodge« am Ufer des Sheddsees, der heute Sagamoresee heißt. Die Größe und Eleganz dieses Blockhauses setzte neue Standards für das rustikale Leben und weckte die Aufmerksamkeit der feinen Gesellschaft Amerikas. 1901 erwarb Alfred Gwynne Vanderbilt die »Sagamore Lodge« und ließ das Anwesen ausbauen.

Am Korasee hat Vanderbilt seinen architektonischen Stempel am eindrucksvollsten hinterlassen, indem er 1913 den bekannten Architekten John Russell Pope beauftragte, ein monumentales Blockhaus, »Kamp Kill Kare«, zu entwerfen. Das 100 Meter lange Haupthaus, auf abschüssigem Gelände am Seeufer gelegen, setzt sich aus einzelnen Gebäuden zusammen, die aus behauenen Baumstämmen errichtet sind und sich zu einem mehrstöckigen, mit Giebeln, Dachgauben und Balkonen versehenen Ensemble verbinden. Auch wenn diese Konstruktion Popes ein rustikales Meisterwerk darstellt – das beste Beispiel für den Catskill-Adirondack-Stil ist nach wie vor »Topridge«, entworfen von dem ungeschulten, ortsansässigen Handwerker Ben Muncil, Jr. Dieser aus 68 Einzelbauten bestehende Komplex am St.-Regis-See, hat eine mehrstöckige Fassade mit roher Holzverkleidung. Die Balken des 24 Meter langen Salons haben eine Länge von über neun Metern; an der Decke hängen große Kronleuchter aus Geweihen sowie indianische Kajaks als Anspielung auf seine Nähe zum Wasser.

Die architektonische Gestaltung von Häusern millionenschwerer Industrieller wie der Vanderbilts wirkte sich nicht nur auf die Urlaubsresidenzen der Region aus. Gemeinsam mit dem technologischen Fortschritt und den ökonomischen Veränderungen des 19. Jahrhunderts beeinflußten sie den Stil von wassernahen Häusern überall auf der Welt. Nachdem sich im 17. und 18. Jahrhundert die Hafenstädte zu Erholungszielen entwickelt hatten, brachte das 19. Jahrhundert Veränderungen mit sich, die den Zugang zum Wasser zunehmend erschwerten. An vielen Küsten veränderte sich die Beziehung zwischen Mensch und Wasser durch zunehmenden Passagiertransport und Außenhandel. Größere Schiffe benötigten entsprechende Hafenanlagen; am Ufer entstanden große Lagerhäuser sowie Gebäude für sekundäre Industriezweige sowie für den Betrieb und die Wartung der Häfen. In der Folge enwickelten sich große Industriegebiete mit Straßen und Eisenbahnlinien, die die Städte und Küstengebiete durchschnitten. Ein gutes Beispiel dafür ist das einst malerische Rotterdam, dessen Hafen im Mündungsgebiet von Rhein und Maas liegt. Die heute zweitgrößte Stadt der Niederlande wuchs kontinuierlich über zwei Jahrhunderte; mit der Errichtung des Euroports im Jahr 1958 wurde sie zur größten Hafenstadt der Welt. Die Planer schenkten den Umweltbedingungen des Flußdeltas zwar besondere Beachtung und wiesen große Freizeit- und Naturschutzgebiete aus, doch der Bau von Ferienanlagen und Wohnungen wurde dabei vernachlässigt.

Viscaya Mit dem Bau der Villa »Viscaya« , die der reiche Chicagoer Industrielle James Deering Anfang des 20. Jahrhunderts an der Biscayne Bay errichten ließ, gelangte die Villenarchitektur des amerikanischen »Goldenen Zeitalters« nach Florida. Der großzügige, pseudo-barocke Komplex wurde von dem Architekten F. Burrall Hoffman entworfen und im Jahre 1914 fertiggstellt. Inspiriert von dem venezianischen »Palazzo Rezzonico« aus dem 17. Jahrhundert, ist er mit lokalem Kalk- und Sandstein dekoriert. »Viscaya« ist heute als Museum und Park öffentlich zugänglich.

Nach dem Zweiten Weltkrieg reagierten viele Küstenorte auf die steigende Nachfrage nach Erholung an der frischen Luft. In Städten wie Miami oder rund um Palma de Mallorca entstanden burgenähnliche Hotels und Ferienanlagen. Die Planer an der Küste der französischen Region Languedoc-Roussillon entwarfen Ende der 50er Jahre neue Konzepte für Feriendörfer und Freizeithäfen. Die Gezeiten, die vorherrschende Windrichtung und die spezifischen Eigenschaften von Wellengang und Meeresströmung wurden analysiert, um einen sicheren Zugang für Privatboote und Möglichkeiten der sportlichen Aktivitäten am Strand zu gewährleisten. Moderne, architektonisch interessante Bauten verbanden sich mit zweckmäßigen Zufahrtswegen und Parkplätzen und schufen so das Bild einer kleinen, traditionellen Hafenstadt. Ähnliche Projekte entstanden an der Baie des Anges, in La Grande Motte und in Port Grimaud. In Mexiko werden solche mit Yachthäfen ausgestatteten Komplexe oft von Hotelketten geführt. Die Vielfalt der architektonischen Stile in diesen neuen Urlaubszentren und Küstenstädten reicht von historischen und regionalen Formen bis zu den rationalen Linien der Moderne.

Manche moderne Küstensiedlung orientiert sich bei der Suche nach Planungselementen an der Vergangenheit. »Seaside«, das Ende der 70er Jahre erbaut wurde, ist eine 32 Hektar umfassende Feriensiedlung in Florida, zu der ein knapp einen Kilometer langer Strand am Golf von Mexiko gehört. Die Planer Andres Duany und Elizabeth Plater-Zyberk strebten größtmögliche Vielfalt bei der Grundstücksnutzung, der Wahl der Bautypen und der Architekturstile an.

Die Wohnqualität war auch der entscheidende Faktor für den Erfolg der Dörfer des Club Mediterranée, die in den 50er Jahren konzipiert wurden und von den Strohhütten Polynesiens und anderen tropischen wie subtropischen Bauformen in Ländern wie Malaysia und den Philippinen inspiriert wurden. Die typischen lokalen Formen wurden beim Bau der jeweiligen Dörfer thematisch aufgegriffen, wofür der Club Mediterranée Sebatu auf Bali ein gutes Beispiel ist. Hier speisen vulkanische Quellen natürliche Bäder, und das Wasser strömt in eine Reihe tiefer Badebecken, die von üppigen Palmendächern bedeckt sind.

Exotisch oder traditionell – die heute am Wasser erbauten Häuser sind von den Elementen dieser Feriensiedlungen beeinflußt. Brücken, Pavillons, Gärten, Stege, von Steinen umgebene Naturbecken und eine Vielzahl regionaler und historischer Anspielungen verbinden sich mit modernem Erfindungsreichtum. So entstehen Bauten mit einer erfrischenden und angenehmen Atmosphäre, die beständig auf die entscheidende Bedeutung des Wassers für unsere Welt verweisen.

Am Meer

Wer an seine Grenzen vorstoßen will, den zieht es oft ans Meer. Der unendliche Horizont, der sich dort dem Blick eröffnet, ist ein Symbol für Freiheit. Die Liebe zu den Küstenlandschaften verdeutlicht zudem die innere Verbindung des Menschen zu den Wasserflächen unseres Planeten. Meere, Flüsse, Seen, Eis und Grundwasser – die Hydrosphäre – machen 71 Prozent der Erdoberfläche aus. Jeder Tropfen Meerwasser erinnert uns daran, daß er Teil eines fortwährenden globalen Kreislaufs ist, ohne an einen spezifischen Zeitpunkt oder Ort gebunden zu sein. Wenn der Standort sorgfältig ausgewählt ist, schaffen Häuser am Wasser persönliche Räume, die mit dem Zyklus der Weltmeere in Verbindung stehen.

Die Meere empfangen ihr Wasser aus dem Niederschlag, aus Flüssen und aus Bächen; sie verlieren es wieder durch die Verdunstung an ihrer enormen Oberfläche. Ihre immense Wassermenge ist ständig in innerer Bewegung. Am stärksten ist die Wellenbewegung in der Tiefe, während der Wellengang an der Oberfläche meist vom Wind geglättet wird und sich als Dünung fortsetzt. Auf ihrem Weg zur Küste erreichen die Wellen seichtes Wasser, in dem sie an Höhe gewinnen; dann werden sie schmaler und steiler und enden als Brandung. Das in sich hin und her wogende Wasser unterliegt beständig der Veränderung; sein faszinierender Rhythmus bietet nicht nur einen visuellen Genuß, sondern auch ein natürliches Repertoire an beruhigenden wie erregenden Tönen. Die Gezeiten, abhängig von der Schwerkraft und der Position von Mond, Erde und Sonne, machen die Kraft des Meeres auf eindrucksvolle Weise spürbar. Der Begriff »Gezeiten« wird auch auf Flutwellen, Sturmfluten und andere meteorologische Vorgänge angewendet, so daß sie – gemeinsam mit dem Lauf der Jahreszeiten, der Küstengeographie und den atmosphärischen Bedingungen – den Wellengang beeinflussen. Im Vergleich zur Erdanziehung mag die Kraft der Gezeiten gering sein, doch können auch sie ganz beträchtliche Auswirkungen haben.

Der Wellengang, der starke Seewind und das eindrucksvolle Panorama des Horizonts sind typisch für die Orte an den Küsten mit ihren Molen und Leuchttürmen. Kais ragen als Landungsbrücken oder Promenaden ins schiffbare Wasser, und Dämme bilden oder schützen die Häfen. Während diese Anlagen der Öffentlichkeit zugänglich sind, erinnern Leuchttürme eher an eine einsiedlerische Existenz. Durch ihre einzigartige aufragende Form sind sie überall auf der Welt erkennbar. Meist weiß verputzt und mit Streifen oder Mustern bemalt, damit die Seeleute ihren Standort auch bei Tag erkennen können, sind Leuchttürme einfache, freundlich aussehende Gebäude, die in ihrer Bescheidenheit jede Konkurrenz mit der Landschaft vermeiden. Den physischen Herausforderungen ihres Standorts am Wasser ausgesetzt, sind sie in ihrer Form so beschaffen, daß sie Wind und Wellen Widerstand leisten und ein Zeugnis ablegen für das erregende Schauspiel, das die Natur den Menschen an den Küsten bietet.

Klassischer Glanz

Golf von Hammamet, Hammamet, Tunesien

Der Innenarchitekt Giorgio Pes hat sein Domizil in der Medina von Hammamet und in reines mediterranes Weiß getaucht. Sein Haus ist eine Mischung aus arabischen und römischen Elementen. Die Dachterrasse dient als offener Wohn- und Eßbereich.

Auch nach der Renovierung sind in dieser tunesischen Villa am Meer die charakteristischen Merkmale der regionalen arabischen Architektur erhalten geblieben, die sich mit gestalterischen Elementen der Antike verbinden. Ihr Besitzer, der römische Innenarchitekt Giorgio Pes, hat mit einer Mischung aus römischen und arabischen Motiven ein magisches, blendendweißes Refugium mit einem Blick über das blaue Meer geschaffen.

Enge Gassen führen zu dem Haus, das in einem Gewirr einheimischer, kubischer Häuser zwischen der Stadt und dem Meer steht. Wie so viele arabische Bauten erscheint das weiß getünchte Domizil mit seinen kleinen Fenstern, den wenigen Türen und den Details aus altem Holz und Metall in traditionellem Blaßblau von außen her abweisend.

Tunesien ist ein Land, in dem viele Kulturen ihre Spuren hinterlassen haben. Hammamet an der Nordostküste ist eine Stadt mit einer alten, von Mauern geschützten Medina. Giorgio Pes, der von vielen erfahrenen Handwerkern vor Ort unterstützt wurde, ließ das Haus mit faszinierenden arabischen und römischen Motiven schmücken. Statuen, Bronzen, Keramiken und dekorative Elemente zeugen von der Vorliebe des Besitzers für den Klassizismus.

Die sogenannte *Skita* hinter der Haustür ist eine kleine Kammer, durch die die Außenwelt vom häuslichen Bereich getrennt wird. In diesem winzigen Raum wird das antike Erbe Tunesiens spürbar. Ein Fisch in dem antiken Bodenmosaik verweist auf den Standort am Meer und soll Glück bringen.

Von der *Skita* führt eine verzierte tunesische Holztür zu einer Treppe, über die man den Salon erreicht. Eine Front aus Glasfenstern erlaubt den Blick auf das Meer, so daß der Raum sehr groß erscheint. Nur ein römischer Kamin mit halbrunder Öffnung, Steinsäulen und geraffte weiße Vorhänge drängen sich in die Weite des Panoramas. Diese Ausstattungselemente lassen das Meer trotz seiner Natürlichkeit als Teil einer großen Bühnendekoration erscheinen. Auch vom Eßzimmer aus ist das Meer sichtbar. Zwei kannelierte dorische Säulen geleiten in diesen Raum, dessen Wände und Teppiche von landestypischen geometrischen Mustern beherrscht werden.

Die Terrasse ist ein offener Wohn- und Speiseraum, rundum geschützt von weißem Gitterwerk. Bei schlechtem Wetter und an kühlen Abenden umschließen die sonst in den Ecken gerafften weißen Vorhänge aus Segeltuch den Raum wie ein arabisches Zelt. Allerdings sind die rauhen Aspekte des Mittelmeerklimas im geschützten Golf von Hammamet ohnehin kaum spürbar.

Giorgio Pes' Ruf als Antiquitätensammler und Restaurator läßt manchmal vergessen, daß seine Karriere als Bühnenbildner beim Film begann. Diese berufliche Vergangenheit wird in seinem Haus in Hammamet durch die dramatische Gestaltung des Blicks auf das Meer wieder deutlich spürbar.

Oben Die multikulturelle Sammlung von Giorgio Pes beinhaltet eine syrische Kommode aus dem 18. Jahrhundert mit Intarsien aus Elfenbein, Perlmutt und Silber, auf der antike Flaschen aus geschliffenem Kristallglas stehen.

Rechts »Ich präsentiere antike Objekte gern mit einem Sinn für das Kreative, indem ich Stile und Perioden kombiniere«, sagt Pes. In einer Ecke des Salons findet sich eine solche Mischung aus arabischen und europäischen Elementen: das englische Porträt eines Arabers aus dem 18. Jahrhundert, eine vergoldete französische Bronzeuhr aus dem 19. Jahrhundert und eine kleine Schreibtruhe aus dem 18. Jahrhundert mit arabischen Motiven, Intarsien aus Elfenbein, Ebenholz und Olivenholz.

Gegenüber Durch breite, bis zur Decke reichende Glasfenster fällt der Blick vom Salon auf das Meer, eingerahmt von korinthischen Säulen. Geraffte Vorhänge und weiße Überzüge auf den von Pes selbst entworfenen Sofas verstärken die luxuriöse Atmosphäre. Auf dem Kaminsims im römischen Stil sind antike Keramikschalen ausgestellt; an der Decke hängt eine türkische Lampe aus Glas und Messing.

MARRAKECH

Oben Kannelierte dorische Säulen, weiße Vorhänge und der Marmorfußboden verleihen dem Eßzimmer eine klassizistische Atmosphäre.

Links Zur Dekoration des Eßzimmers dienen regionale tunesische Elemente, darunter antike Kacheln aus Majolika und ein Tafelgeschirr aus Gold und Kristall.

Gegenüber Kacheln aus Marmor und Majolika schmücken die Wände des Badezimmers. Bei der gesamten Umgestaltung arbeitete Pes mit den Handwerkern vor Ort zusammen und fand heraus, daß die dekorative Tradition Tunesiens nach wie vor von ihrer Präzision und Detailtreue lebt.

Buchten und Höhlen

Santa Monica Bay, Malibu, Kalifornien, USA

Graubrauner Beton verschmilzt mit dem nassen Sand und den felsigen Buchten von Malibu, im weiten Dach spiegeln sich die nahen Hügel von Santa Monica – das Haus von Lyn und Stanley Beyer ist erbaut nach John Lautners Konzept einer organischen Architektur.

Malibu liegt an einer Reihe felsiger Landzungen, seichter Buchten und sandiger Strände an der Pazifikküste Südkaliforniens. In seinem milden Klima kann man das ganze Jahr über surfen, fischen, tauchen, joggen und in der Sonne liegen. Die nahe gelegenen Hügel verleihen der Gegend, die einst von Indianern besiedelt worden war, ursprüngliche Züge. Indianische Namen wie Topanga, Zuma und Malibu verweisen auf die alten Pfade, die sich durch Canyons zu verschwiegenen Buchten hinabwinden.

Stanley und Lyn Beyer hörten auf den Rat ihres Innenarchitekten Michael Taylor, der den bekannten kalifornischen Architekten John Lautner als den Mann empfahl, der die wahre Natur ihres isolierten Grundstücks am Ozean am besten zur Geltung bringen könne. Lyn Beyer sagt über ihre Entscheidung: »Wir spürten, daß Lautners Entwurf unser Haus in die Landschaft integrieren würde.« Auf einer Landzunge gelegen, die mit kleinen Sandbuchten durchsetzt und von der weißblauen Brandung umtost ist, wirkt der Bau sehr modern, ohne ein kantiges oder zu technisches Gefühl zu vermitteln.

Lautners Entwurf basiert auf den organischen Prinzipien von Frank Lloyd Wright, seinem Lehrer und einstigen Arbeitgeber. Ein geschwungenes Betondach schwebt über Glaswänden; an verschiedenen Stellen ist es mit dem Boden verbunden. Der rauhe graubraune Beton verschmilzt mit der Farbe des nassen Sandes und spiegelt die Form der nahen Hügel von Santa Monica wider. »Der Entwurf hat die Gestalt eines verformten Zylinders, der durchschnitten wurde, um einen unregelmäßigen Rand zu erzielen«, so Lautner. »Er erscheint gleichermaßen natürlich wie zeitlos.« Die geschwungene Linie des Daches dient außerdem als Schutz der zum Meer hin gelegenen Terrasse, auf der ein Eßtisch und zylindrische Stühle aus Beton stehen. Weder die Betonmauern noch der Boden aus Beton und Schiefer erfordern viel Pflege.

Im Innern präsentiert sich das Wohnzimmer als geräumiges Theater, in dem man die immerwährende Vorstellung der an die Felsen anstürmenden Brandung genießen kann. Ein besonders schöner Blick eröffnet sich von der Seite des Wohnzimmers, die über die Santa Monica Bay ragt: Hier verändern sich die Lichtverhältnisse ständig. Der Innenarchitekt Taylor, der in Zusammenarbeit mit Lautner die Innenräume gestaltete, hat überall im Haus große Flußfelsen plaziert. Auch die Böden vermitteln eine natürliche Atmosphäre; ihre Oberfläche aus Beton und Schieferplatten glänzt wie die Meereswogen.

Lautner vertritt eine freie Architektur ohne oberflächliche Reminiszenzen an Moden oder Trends. Sein Konzept eines offenen, naturverbundenen Designs basiert auf den Ideen Frank Lloyd Wrights. Während dieser sich jedoch immer auf die Erde konzentrierte, richtete Lautner sein Hauptaugenmerk auf das Wasser. Sein offener Grundriß umfaßt große Glasfronten und geschwungene Terrassen mit Glasbrüstungen, die den Blick auf das Meer eröffnen. Das Gebäude fügt sich in die Rundung der Buchten ein und schwebt über Felsen und Brandung, so daß seine Gestalt die Formen und den organischen Charakter des Küstengewässers widerspiegelt.

Oben Während das Dach über den verglasten Wänden schwebt, die einen Großteil der Fassade ausmachen, öffnet sich das Innere zum Pazifik hin. Im Wohnzimmer ragt ein halbrundes, mit großen Kissen bedecktes Sofa über das Wasser.

Rechts Das schützende Betondach, die durchgängige Glasfront und gemusterte Betonwände folgen der Küstenlinie. Unregelmäßige Felsen und der beständige Wandel der Brandung bilden das organische Fundament des Hauses.

Gegenüber, oben Eine breite, geschwungene Zwischendecke bildet ein schützendes Dach über dem Bett von Lyn und Stanley Beyer. Oberlichter und verglaste Wände erfüllen den Raum mit Licht, der offene Kamin aus Beton wärmt ihn an kalten und regnerischen Tagen.

Gegenüber, unten Im geräumigen Wohnzimmer scheint das geschwungene Betondach auf den Glaswänden zu balancieren. Im gesamten Innenraum liegen große Flußfelsen verteilt; der Boden ist aus Beton und Schieferplatten. Die Möbel – übergroße Sofas und Sessel aus Schalholz mit weißen Segeltuchpolstern auf Binsengeflecht sowie niedrige Tische aus Plexiglas und unregelmäßigen Granitplatten – sind Ausdruck des oft kopierten »California Style« des Innenarchitekten Michael Taylor.

Villa Kerylos

Port de Fourmis, Beaulieu-sur-Mer, Frankreich

Zu Beginn des 20. Jahrhunderts baute der Archäologe Theodore Reinach ein antikes griechisches Haus im französischen Beaulieu-sur-Mer, da ihn der Ort an die Küste von Korinth erinnerte. Von den Dachterrassen erschließt sich ein herrlicher Blick auf die Umgebung.

Auf einer felsigen, ins Mittelmeer ragenden Halbinsel erfüllte sich der Archäologe Theodore Reinach zu Beginn dieses Jahrhunderts einen ausgefallenen Wunsch. Sein Haus am Meer ist die exakte Rekonstruktion eines griechischen Gebäudes aus dem zweiten vorchristlichen Jahrhundert.

Reinach baute das Haus am Fuße steiler Felsen, an einen Ort, der ihn an die Küste von Korinth erinnerte. Unterstützt wurde er von dem Architekten Emmanuel Pontromoli, einem Kollegen an der Académie des Beaux-Arts in Paris, und verschiedenen Fachleuten auf dem Gebiet des antiken Handwerks. Sie kümmerten sich um die Gestaltung und Auswahl der Fresken, die Stuck-, Marmor- und Bronzearbeiten und die Möbel. Auf modernen Komfort mit Elektrizität, fließendem Wasser und Telefon wollte Reinach zwar nicht verzichten, doch Strukturen und Materialien sind originalgetreu – bis auf die Fenster, für die in der Antike geölter Papyrus statt Glas verwendet wurde.

Wenn Reinach hier seinen Urlaub verbrachte, trug er Kleidung im Stil der griechischen Antike – ebenso wie seine Gäste. Reinach, der keinesfalls exzentrisch oder größenwahnsinnig war, entstammte einer wohlhabenden, gebildeten Familie und war ein Gentleman, der – wie etwa auch Jules Verne und Gustave Eiffel – Reichtum und Wissen mit poetischer Neigung verband.

Das Haus wurde nach einem antiken Entwurf für die Villa eines reichen Bürgers von Delos errichtet. Zentrales Element ist das offene Atrium, um das sich im Erdgeschoß Bibliothek, Wohn- und Eßzimmer, im oberen Stock Bäder, Schlaf- und Arbeitszimmer gesellen. Neben dem *Triklinos* (Eßzimmer) befindet sich der Salon, der, wie Vitruv schreibt, den Männern vorbehalten war. Zu seiner spektakulären Ausstattung gehört die toskanischen Marmor vortäuschende Wandbemalung und ein Mosaik, das Theseus im Kampf mit dem Minotaurus zeigt. Die »antiken« Möbel – Tische, Stühle, ein Bett und ein Thron im Bad des Hausherrn – sind aus exotischen Hölzern, Bronze und Elfenbein gefertigt. Im Salon steht ein Altar aus Carrara-Marmor, an dessen Seiten Türen zum *Oikos* führen, einem sehr kleinen privaten Salon, der über eine große Glastür Zugang zum Garten gewährt. Von hier bietet sich ein schöner Blick auf den idyllischen Hafen von Fourmis.

Der zentrale Gedanke des Entwurfs ist die Einbindung der mediterranen Atmosphäre, die Gestaltung der Ansicht auf das Meer. So überblickt man vom Garten, von vielen Fenstern und von den Terrassen aus die Küste von Cap Ferrat bis Monaco. Der weite Horizont des Meeres breitet sich vor den Fenstern der Bibliothek aus; sie weisen nach Osten, um die Arbeit im Morgenlicht zu ermöglichen. Bibliothek samt Galerie verlaufen über eineinhalb Stockwerke. Am faszinierendsten entfaltet sich das Panorama von den zwei Dachterrassen mit Pergolen aus.

Reinach starb 1928. Als sein Haus 1966 in den Besitz des Institut de France gelangte, wurde es zum historischen Denkmal erklärt und im folgenden Jahr der Öffentlichkeit zugänglich gemacht. Die Villa Kerylos ist die bemerkenswerteste Rekonstruktion eines antiken griechischen Wohnhauses in unserer Zeit. Kein Museum in Griechenland läßt den Alltag der Antike so eindrucksvoll wieder lebendig werden. Gleichzeitig erschaffen die antiken Möbel, Mosaiken und Fresken ein faszinierendes und zeitlos schönes Refugium am Meer.

Gegenüber Hinter dem Fenster des Salons liegt das Mittelmeer und der Hafen von Foumis; durch die Türen fällt der Blick ins Atrium. Das Interieur ist dem eines antiken griechischen Hauses archäologisch korrekt nachempfunden: Die Wandbemalung täuscht toskanischen Marmor vor, ihre Zierleiste sowie der Rahmen des Bodenmosaiks zeigen verschiedene Mäanderformen. Drei Kronleuchter hängen von der dekorativen Kassettendecke. Die *Klismos*-Stühle, die klassischen Tische und Chaiselonguen sind aus exotischen Hölzern, Bronze und Elfenbein gefertigt.

Rechts Ein ionisches Säulenpaar flankiert das Bett in einem der Schlafzimmer des Obergeschosses. Das Bodenmosaik und die Deckenbalken zeigen ein Rankenmuster; die Fresken tragen frühgriechische Motive.

Unten links Am einen Ende des Salons erhebt sich ein Altar aus Carrara-Marmor. Durch die Glas- und Bronzetür rechts fällt der Blick auf das Atrium.

Unten rechts In jedem der großen Badezimmer steht eine Steinwanne mit Löwenfüßen. Die Wasserhähne in Delphinform und die Hebel in Schwanenkopfform sind aus Silber.

An den Mauern der Medina

Atlantikküste, Asilah, Marokko

Hinter den Wällen, die die Altstadt von Asilah vor der Brandung schützen, liegt das exotische Refugium zweier französischer Paare. Es ist Teil eines Ensembles aus weißen, kubischen Häusern mit kleinen Fenstern, zinnernen Dächern und blauen Rahmen.

Wie ein Finger ragt die Mole von Asilah in den Atlantik. An der marokkanischen Küste südlich von Tanger gelegen, kauern sich die Häuser der Stadt wie weiße Würfel hinter eine Mauer. Der Ort hat eine bunte Vergangenheit: Einst herrschten hier die Portugiesen, dann die Spanier und schließlich die Mauren. Vor kurzem hat die marokkanische Regierung die historische Medina unter Schutz gestellt. Die Häuser wurden auf ihre ursprüngliche Größe reduziert und strahlen heute wieder in reinem Weiß, akzentuiert durch grüne oder blaue Rahmen und Fensterläden.

Eines der Häuser hat ein französisches Ehepaar gemeinsam mit zwei talentierten Freunden restauriert. Françoise Dorget, die in ihrer Pariser Boutique »Caravane« Textilien aus aller Welt vertreibt, war schon lange von der Atmosphäre Asilahs und des nördlichen Rif fasziniert gewesen. Gemeinsam mit ihrem Gatten, dem Architekten Charles Chauliaguet, studierte sie die lokale Architektur, um Elemente daraus im Domizil ihrer Freunde zu reproduzieren.

Charles Chauliaguet mußte sich schon deshalb nach der örtlichen Bautradition richten, weil die marokkanischen Maurer seine Zeichnungen nicht verstanden. Während der Winterstürme ist die Stadt feucht, weshalb Schlagläden die Fenster der am Meer gelegenen Häuser schützen, und das Wasser an der Innenseite des Walls herunterläuft. Zum Schutz vor dem Wind wurden die Wände in doppelter Dicke gebaut, und für die Türrahmen wurde besonders dehnbares Holz verwendet.

Von der zwei Meter breiten Gasse zwischen Wall und Haus führt eine einzelne Tür in dessen zweistöckiges Inneres. Im Erdgeschoß befindet sich das Wohnzimmer, in dem im Winter, wenn es hier wärmer ist als im oberen Stock, auch geschlafen wird. Über den Patio im Erdgeschoß sagt Frau Dorget: »Es ist dort sehr ruhig, nie windig und nie zu sonnig. Deshalb kommen auch viele Vögel hierher.«

Den Zugang zu den Schlafzimmern im oberen Geschoß bildet eine Außentreppe, die zu einer kleinen, mit Sonnensegeln geschützten Terrasse führt. Von ihrer Westseite blickt man auf das Meer, von ihrer Ostseite in den Patio; an den Schmalseiten liegen die grün und blau dekorierten Schlafzimmer. Eine zweite Treppe führt zur Dachterrasse, die wie in typischen arabischen Häusern als »Garten« dient. Ein einzelner Raum, der wie ein kubischer Turm aus der Terrasse wächst, fungiert als Büro und Gästezimmer. »Die Terrassen über dem Meer haben eine ganz andere Atmosphäre als der Patio«, sagt Dorget. »Man ist dort dem starken Wind, der Sonne und dem Meer ausgesetzt. Von dort kann man den ständigen Wechsel der Aussicht beobachten.«

»März und April – und auch der Oktober – sind hier die schönste Zeit, weil dann das Licht so wunderbar ist. Abends ist es zwar ein wenig kühl, dafür ist es am Tage immer sehr sonnig. Fast das halbe Jahr über ist es warm genug zum Baden. Man darf allerdings nicht vergessen, daß Asilah am Atlantik liegt. Das ist ein echter Ozean mit sehr intensivem Wetter ... Wie in der Bretagne gibt es hier Felsen, Klippen und starken Wellengang. Es kann hier so rauh werden wie auf dem offenen Meer. Und durch die Gezeiten verändert sich der Strand ständig, jeden Tag und jede Stunde.«

Gegenüber Der schönste Blick auf die zerklüftete Küste des Atlantiks bietet sich von der Terrasse im ersten Stock und von zwei Dachterrassen, die über eine Brücke miteinander verbunden sind. Diese Idee stammt von dem Architekten Charles Chauliaguet, der das Haus renoviert hat und es mit seiner Frau Françoise Dorget und dem französischen Besitzerehepaar bewohnt.

Oben Traditionelle marokkanische Nischen mit Tierfiguren schmücken die Wand des kleinen Salons im Erdgeschoß, dessen Doppeltüren zum Patio führen. »Alle Stoffe und Möbel stammen aus Asilah, Tanger oder benachbarten Städten im Riftal«, sagt Françoise Dorget, die in ihrer Pariser Boutique »Caravane« internationale Textilien verkauft. Frau Dorget hat das gemauerte Sofa entworfen und alle Möbel ausgesucht, wie etwa die kleinen Tische und die Truhe.

Rechts »Wir fanden es schön, alles von den einfachen Handwerkern hier am Ort machen zu lassen«, sagt Françoise Dorget. Der Tisch und der Stuhl in einer Ecke des blauen Schlafzimmers sind Ausdruck des zeitgenössischen regionalen Stils.

Oben Das auf den Namen »Rosa« getaufte Modell eines lokalen Fischerboots ist eines der wenigen Dekorationselemente in dem schlichten und luftigen grünen Schlafzimmer. Die kleinen Fenster, die an Bullaugen erinnern, sind ebenso wie das gekachelte Bad typisch für die Häuser der alten Medina.

Unten Die Türen unter dem gekachelten Waschbecken in einem der Badezimmer sind aus durchbrochenem Zedernholz. Der Boden ist mit Fliesenfragmenten ausgelegt.

Oben Über den Dachterrassen ragt ein isolierter kubischer Turm auf, der als Arbeits- und Gästezimmer dient. Er hat eine Balkendecke, einen Ziegelboden und kleine Wandnischen. Truhe und Stühle stammen ebenso aus der Rifregion wie die Stoffe für den Wandbehang und die Tagesdecke. Von den Türen und Fenstern des einsamen Turmes fällt der Blick auf die Dachterrassen und den Ozean.

Rechts *Zeliges* – farbenfrohe marokkanische Kacheln – schmücken Wände und Becken des zum blauen Schlafzimmer gehörenden Bades. Auch hier verschließen traditionelle Türen aus Zedernholz den Schrank unter dem Waschbecken.

Ein Domizil für Genießer

Karibik, Santo Domingo, Dominikanische Republik

Der französische Architekt Savin Couelle hat sich bei seinem Entwurf von den luftigen Pavillons und den Steinfestungen der spanischen Siedler inspirieren lassen. Vor den ziegelgedeckten Pavillons liegen Terrassen, Schwimmbecken und der Ozean.

Am liebsten verwende ich das natürliche Material des Landes, in dem ich arbeite«, erklärt der französische Architekt Savin Couelle, der sonst in Turin und an der sardischen Costa Smeralda baut. »In der Dominikanischen Republik habe ich deshalb auch ein dominikanisches Haus entworfen.«

Das von Couelle entworfene Haus an der karibischen Küste nahe Santo Domingo ist seit drei Generationen das Urlaubsdomizil der Familie Moore. Während Grundriß und Fassade regionale Formen aufgreifen, ist das Innere geprägt von organischen, skulpturartigen Elementen, die zum Markenzeichen der Architektur Couelles geworden sind.

»Der Entwurf meiner Häuser berücksichtigt das Klima, gleichzeitig aber die Wünsche und Bedürfnisse meiner Auftraggeber«, sagt Couelle. Die Moores kannten seine Häuser an der Costa Smeralda und wünschten sich ein ähnliches Domizil, aber Couelle war der Meinung, daß sein Entwurf die regionale Tradition mit einbeziehen sollte. »Als dominikanisches Haus breitet sich der Bau flach auf dem Boden aus. Wie eine Reihe offener Pavillons ist er vollkommen transparent, damit der Wind hindurchströmen kann. Wegen der großen Rasenfläche, die sich zum Meer und zu den benachbarten Häusern hin erstreckt, wollte ich den Bau nicht ausschließlich in Bezug zum Land oder zum nahe gelegenen Dorf setzen.«

Zuerst nahm sich Couelle eine Woche Zeit, die Insel kennenzulernen. Er besuchte die eindrucksvollen Steinruinen der spanischen Festungen und informierte sich über die spanischen Siedler, die mit Hilfe von Schiffsbauern luftige Pavillons errichtet hatten. Im Geiste dieser Traditionen beschloß er, das Fundament des Hauses leicht anzuheben, um eine bessere Verbindung zu dem nahen Palmenhain und zum Ozean herzustellen.

Durch eine Schutzmauer aus Korallenstein führt ein Eisentor in den Garten. Die nächste Tür besteht in typisch spanischer Weise aus Schmiedeeisen und Glas; sie bildet den Eingang zu einem höheren Pavillon mit einer Dachterrasse. Auf der einen Seite liegt der Flügel mit der Schlafzimmer-Suite des Hausherrn, auf der anderen befinden sich weitere Schlafräume und die Zimmer des Personals.

An der dem Meer zugewandten Seite des Hauses liegen drei ziegelgedeckte Pavillons, vor denen sich Terrassen und zwei Pools erstrecken, die einen sanften Übergang zum karibischen Meer bilden; polierte Korallenquader zwischen den Pools laden zu einem Bad in der Sonne ein.

Die Wände des Hauses, erbaut aus zwei Schichten behauenen Korallensteins, umschließen Innenräume mit hohen Decken und offenen Bogengängen. Naturfarbene Lamellentüren umschließen die Bogenöffnungen zu den Terrassen. Für die Innenausstattung wählte Couelle Ziegel und Holztüren, die mit spanischen Mustern geschmückt sind. Einige der Decken werden von Balken aus *Pancho prieto* getragen – einem regionalen Hartholz –, die vor langer Zeit für eine nie fertiggestellte Bahnlinie gefällt wurden. Die Balkendecke des Eßraumes besteht aus seltenen Hölzern, die einst zum Bau von Karavellen nach Spanien verschifft wurden.

Da Couelle das Haus mit einem vor Anker liegenden Boot vergleicht, finden sich im gesamten Haus Anspielungen auf Schiffe. So erreicht man die Empore eines Kinderzimmers über eine Strickleiter. Jedes der Schlafzimmer hat einen Patio zum Duschen, Sonnenbaden und Essen; der Schlafraum des Besitzerehepaars hingegen gewährt durch breite Bögen einen Blick auf die Pools, den Rasen, den nahe gelegenen Golfplatz und den Ozean. »Ich liebe es, Häuser in den Boden zu pflanzen«, sagt Couelle, »und es ist mein Traum, ein Haus gleichermaßen mit dem Land und dem Blick auf das Wasser zu vereinen.«

Links Nachts spiegeln sich die erleuchteten Strukturen von Wohnraum und Terrasse im Pool. Pfeiler aus Korallenstein, hohe Decken und offene Bögen definieren den Raum; die Bodenfliesen, das Mauerwerk, die verzierten Holztüren und die schmiedeeiserne, verglaste Eingangstür reflektieren spanische Einflüsse.

Rechts Der Blick durch ein gewölbtes Portal fällt auf den zwischen Haus und Korallenmauer gelegenen Garten mit seiner üppigen Vegetation und unterirdischen Atmosphäre.

Unten Einer der Pavillons beherbergt die Suite des Besitzerpaares. Stehen die Lamellentüren an den breiten, bogenförmigen Ausgängen zur Terrasse offen, hat man aus dem gefliesten Schlafzimmer einen schönen Blick auf die Pools und den Ozean.

Villa Rocca nel Circeo

Tyrrhenisches Meer, Sabaudia, Italien

Conte Giovanni Volpis Schloß wird eingerahmt vom Monte Circeo und dem Tyrrhenischen Meer. Volpis Mutter, die den tempelartigen Bau mit seinen Seitenflügeln 1955 errichten ließ, erfüllte sich damit den Traum einer palladianischen Residenz.

Conte Giovanni Volpi hat hier, in der »Villa Rocca nel Circeo« an der tyrrhenischen Küste, seine Kindheit verbracht. Seine Mutter, Contessa Nathalie Volpi, ließ die klassizistische Villa 1955 von Tomaso Bruzzi erbauen, um sich einen Traum zu erfüllen. »Der von Säulen gerahmte Zentralbau mit den beiden Seitenflügeln ist im Stile Palladios gehalten«, erklärt der Graf, der die Villa noch heute bewohnt.

Nathalie Volpi hatte sich in das Dorf Sabaudia verliebt, das zwischen Rom und Neapel liegt. Nur 100 Kilometer von der italienischen Hauptstadt entfernt, entfaltet der Ort den Charme einer winzigen Gemeinde. Bis zur Mitte der 50er Jahre erwarb die Contessa soviel Land wie nur möglich, bis ein zwölf Hektar großes Areal entstand, das sich vom Tyrrhenischen Meer bis zum Sabaudiasee erstreckt.

Die klassizistische Villa über dem Meer ist mit dem nahen See über einen Tunnel verbunden. Zu den Kindheitserinnerungen von Conte Volpi gehören Picknicks am See, wo man von einem Pavillon aus auf die Ruinen einer Villa blickt, die sich einst im Besitz des römischen Feldherrn und Feinschmeckers Lucullus befand.

Wenn die Contessa mit ihrem Fiat aus Rom eintraf, füllte sich das Haus mit Verwandten und Freunden. Ihr Sohn hat diese Tradition der Gastfreundschaft ebenso erhalten wie die Schlichtheit des Gebäudes und seiner Innenräume.

Der Tunnel, der von der auf Dünen erbauten Villa unter der Küstenstraße hindurch zum Ufer des Sabaudiasees führt, ist mit Ziegelmauern im römischen Stil verkleidet. Ähnliche Mauern umrahmen die herrschaftliche Zufahrt zum Haupteingang. Im Innern dominieren Möbel im pompejanischen Stil; karmesinrote Wandbehänge verleihen den hohen klassizistischen Räumen einen strengen, prunkvollen Charakter. Im ganzen Gebäude finden sich römische Kapitelle und Skulpturen, wie auch die Farbe der Vorhangstoffe dem Mantelfutter der römischen Kavallerie entlehnt ist.

Der Speisesaal geht auf eine Terrasse hinaus, die im Sommer für Diners bei Kerzenlicht genutzt wird. Von den meisten Zimmern der Villa sieht man das Meer. Besonders schön ist der Blick vom Salon aus, einem Raum mit Kreuzgewölben und einem Travertinboden mit Fischgrätmuster. Eine prunkvolle Treppe führt vom Salon zu den Gästezimmern im ersten Stock, die mit Möbeln aus dem 17. Jahrhundert ausgestattet sind. Rote Behänge an Bronzehaken erzeugen einen Kontrast zu den weißen Stuckwänden und Travertinböden. Der weite Blick von den Fensterbalustraden erweckt den Eindruck, an Bord eines Schiffes zu sein.

Hinter der Villa mit Meeresblick entfaltet sich die wildromantische Landschaft des Monte Circeo. Das Gebäude selbst ist von Dünen umgeben, die keine üppigen Gärten zulassen. Dadurch ergibt sich eine intensive Beziehung zwischen Architektur und Landschaft, verstärkt durch das Spiel des Lichts, das die tempelartigen Formen mit wechselnden Mustern umspielt.

In dieser kargen Umgebung scheinen die imposanten Säulen des Zentralbaus wie ein Trugbild über dem Sandstrand zu schweben. In einer Ecke der Vorhalle stehen Chaiselonguen in den Wappenfarben der Familie Volpi; Klappstühle umgeben einen mit Patina überzogenen Bronzetisch auf einem steinernen Kapitell. Einige hohe ionische Säulen rahmen den Blick auf die Meereslandschaft, und breite Stufen führen elegant zum Meer hinab.

Gegenüber Die Veranda unter den Säulen des Zentralbaus ist der beliebteste Aufenthaltsort für die Bewohner. In einer Ecke stehen Klappstühle an einem Bronzetisch auf einem steinernen Kapitell. Der Entwurf des Hauses stammt von dem Architekten Tomaso Bruzzi.

Oben Das klassizistische Interieur wird durch die »Carabonieri« besonders hervorgehoben – rote, an Bronzehaken befestigte Wandbehänge, die einen starken Kontrast zu den weißen Wänden und dem Travertinboden bilden. Der Beistelltisch und der schwarze Ledersessel sind im Stil des 17. Jahrhunderts gehalten.

Rechts Im Salon fällt der Blick durch das Rautengeflecht der Fenster auf die Veranda. Das Kalksteinfundament des Sofas ruht auf dem Travertinboden mit Fischgrätmuster. Hocker, die an römische Feldstühle erinnern und vor einem bronzenen Tablettisch stehen, vermitteln den Geist der griechisch-römischen Antike.

Eine organische Phantasie

Port la Galère, Cannes, Frankreich

Von der Vegetation überwuchert, verschmelzen die erdfarbenen Formen mit den Felsen und Rundungen der Küste von Port la Galère, wo der aus Ungarn stammende Architekt Antti Lovag 1970 dieses klassische Beispiel organischer Architektur erbaute.

Baut man am Meer, sind die runden Formen der Natur auch die richtigen Formen für die Gebäude«, sagt Antti Lovag über das Sommerhaus, das er 1970 in Port la Galère nahe Cannes an der Côte d'Azur baute. Das Haus, ein schönes Beispiel für den Modernismus der 70er Jahre, erscheint zugleich organisch gewachsen wie avantgardistisch.

Fassaden im herkömmlichen Sinn gibt es hier nicht, da das Haus aus runden, sphärischen Formen besteht, die man mühelos erklimmen und begehen kann. Da Wände, Dächer, Türen und Fenster an Blasen erinnern, gilt der gut geerdete Bau als *außer*-irdisch.

Lovag, der sich nie für konventionelle Formen begeistern konnte, wurde in Ungarn geboren und studierte in Schweden und Frankreich. Seinen Stil entwickelte er während der jahrelangen Zusammenarbeit mit dem Architekten und Ökologen Jacques Couelle, mit dem er organisch geformte, an die Küstenlandschaft angepaßte Häuser entwarf.

Lovag wendet sich gegen die reine Geometrie und vertritt die Auffassung, daß architektonische Formen die Flexibilität der Natur und die Rundungen des menschlichen Körpers widerspiegeln sollen. Um sein Ziel zu erreichen, verwendet er modernen Stahlbeton, der eine Vielzahl von Gestaltungsmöglichkeiten eröffnet. Dabei vervollkommnete Lovag eine »Misch«-Technik, durch die Beton weich und flexibel eingesetzt werden kann. Zur Armierung seiner Bauten verwendet er Hunderte von gebogenen Stahlstäben, wodurch das Haus ähnlich wie eine riesige Gipskulptur entsteht. Die Metallskelette zwischen der Außen- und der Innenwand aus Beton und Gips bieten Raum für die Haustechnik und für elektrische Leitungen.

Auch im Innern ist das hier vorgestellte Haus aus Kugelformen zusammengesetzt, die durch zylindrische Flure und ovale Türen verbunden sind. Anordnung und Größe der Räume wurde erst während der Bauphase bestimmt und immer wieder modifiziert; die Fenster sind so eingefügt, daß sie die Lichtverhältnisse ideal nutzen. »Die Größe wurde den Gegebenheiten des Ortes angepaßt, so daß das Haus sich spontan entwickelte«, erklärt Lovag. »Die ganze Struktur ist Ausdruck einer natürlichen Evolution.«

Um die skulpturhafte Wirkung zu verstärken, wurden hauptsächlich Einbaumöbel verwendet, darunter geschwungene Sofas und runde Tische. »Herkömmliche rechteckige Möbel sind hier unbrauchbar«, konstatiert Lovag. Wohn- und Eßräume sowie Küchen befinden sich im Erdgeschoß, von wo aus eine an ein Schneckenhaus erinnernde Treppe zu den vier Schlafzimmern im oberen Geschoß führt. Durch ovale und runde Türen und bullaugenartige Fenster fällt der Blick auf den Meereshorizont.

Vegetation überwuchert die erdfarbenen Formen des Hauses; unregelmäßig gepflasterte Travertinwege führen in die umliegende Gegend. Um den Ort nicht durch ein ebenes Fundament zu deformieren, verwendete Lovag die Felsen als essentielles Element der Konstruktion. Die Gebäude und der offene Pool folgen daher den Rundungen des Terrains. »Die natürliche Erosion erschafft eine Welt aus Rundungen«, sagt Lovag. »Das Haus und seine Wege liegen in der leichten Höhlung eines Hügels und ähneln den Bodenfalten der nahen Felsen. Wie die Felsen und das Meer sieht das Haus aus, als würde es schon seit Jahrhunderten hier oben stehen.«

Gegenüber, oben Von der geschwungenen Eingangshalle führt eine Treppe, deren Form und geripptes Inneres an eine Nautilusmuschel erinnern, zu den vier Schlafzimmern im Obergeschoß.

Gegenüber, unten Runde Türen und zylindrische Flure verbinden die einzelnen Wohnzimmer im Erdgeschoß. Die Ausstattung umfaßt skulpturartige Einbauten, geschwungene Sofas und kreisrunde Tische.

Oben Das kreisrunde, gepolsterte Sofa mit einem großen Fenster und Blick auf das Meer, das in einem Segment des Hauptsalons steht, lädt zum geselligen Beisammensein ein. Der organische Charakter des Raumes läßt die Grenze zwischen Wand und Decke verschwimmen. »Stahlbeton erlaubt die Gestaltung vielfältiger Formen, die an die Rundungen des menschlichen Körpers erinnern«, sagt Lovag.

Gegenüber Ein Aussichtssofa steht vor einem elliptischen Fenster mit Blick auf Bäume und Meer. »Die Fenster sind so angelegt, daß sie die beste Aussicht und optimales Licht gewähren. Sie haben sich während der Bauzeit organisch entwickelt«, erklärt Lovag. »Die ganze Struktur ist Ausdruck einer natürlichen Evolution.«

Links Eine elliptische Tür führt in eines der Bäder. Lovag konstruierte die in sich gekrümmten und zylindrischen Räume wie eine gigantische Gipsskulptur auf Gerüsten aus Hunderten von gebogenen Stahlstäben.

Unten Das Badezimmer vermittelt den Eindruck einer nahtlosen, fortlaufenden Konstruktion, ähnlich der eines Bootes. Ein kleines, bullaugenartiges Fenster verstärkt die nautische Wirkung.

Das »If«-Haus

Indischer Ozean, Talpe, Sri Lanka

Rund um die Terrasse dieses Hauses am Sandstrand des Dorfes Talpe wuchert ein Paradiesgarten mit Kokospalmen – eine Hommage an die Plantagenkultur des südlichen Sri Lanka während der britischen Kolonialzeit.

Der Name ›If‹ (deutsch: »wenn«) ist dem wunderbaren Gedicht Rudyard Kiplings entnommen, in dem es darum geht, sich den Widrigkeiten des Lebens erhobenen Hauptes zu stellen«, erklärt David Gerard, einer der Eigentümer des »If«-Hauses in Talpe, einem Dorf im waldreichen, feuchten Süden von Sri Lanka. Die ganze Insel ist umgeben von Lagunen, Sandbänken, Halbinseln und übersät von Dünen und Sümpfen; 70 Prozent ihrer gesamten Fläche sind bedeckt von Wald und Wiesen.

»Das Haus wurde vor ungefähr zehn Jahren von einem norwegischen Paar – einem Filmproduzenten und einer Schauspielerin – gebaut. Es wirkt allerdings viel älter, weil die beiden in ganz Sri Lanka umhergereist sind, die Architektur studiert und den Entwurf so gestaltet haben, daß er Elemente aus der Kolonialzeit mit einbezieht. Nachdem wir das Haus vor fünf Jahren gekauft hatten, haben wir abseits auf einer Grasfläche einen Pavillon bauen lassen, in dem wir essen. Die ehemalige Küche ist jetzt ein Schlafzimmer, dafür steht heute hinter dem Speisepavillon ganz separat eine sehr hübsche neue Küche. Die neuen Elemente wurden in den Stil des bestehenden Hauses integriert.«

Das Hauptgebäude im Stil eines Pavillons hat eine hohe Decke mit einem Ziegeldach und ist auf allen Seiten von überdachten Veranden umgeben. Da es in der Region das ganze Jahr über feuchtwarm ist, haben die Räume keine Fensterscheiben. Die Luft zirkuliert durch breite, mit hölzernen Läden verschlossene Öffnungen. Die fließende Verbindung der Innenräume mit den Veranden wird durch das rechteckige Muster der großen Bodenplatten verstärkt, deren dunkle Erdfarbe ihre Entsprechung im Schokoladenbraun des Ziegeldachs findet. All diese Elemente lassen das Haus mit den intensiven Farben des es umgebenden Waldes verschmelzen.

Zwei der drei Hauseigentümer, Barbie Gall und Anne Gerard, haben das Interieur gestaltet, in den Hauptpavillon aber auch Möbel der ersten Bewohner integriert. Auf den Veranden stehen Liegestühle im traditionellen Stil Sri Lankas: niedrig, mit rechteckiger Lehne und elegant geschwungenen Armstützen. »Alles ist ganz zwanglos«, sagt Anne Gerard über die Einrichtung. »Die wunderbaren Liegestühle sind typisch für die Gegend hier. Antike Stücke, wie wir sie haben, kann man nirgends im Ausland bekommen.«

Sri Lanka mit seiner Bevölkerung aus Singhalesen, Tamilen und Europäern leidet seit einiger Zeit unter politischen Unruhen. »Der Konfliktherd liegt im Norden um die Halbinsel von Jaffna«, erklärt David Gerard. »Wenn wir unser Haus besuchen, ist es einfach wunderschön und friedlich, und wir nehmen nicht wahr, wenn im Norden etwas passiert.« Der von Mai bis Oktober dauernde Monsun stört die Bewohner des Hauses nicht. Ihre Lieblingsmonate sind Dezember und März. »Wir kommen gern an Weihnachten und Ostern hierher«, sagt David Gerard. »Es ist herrlich, an den Feiertagen an der sandigen Küste des Indischen Ozeans mit Freunden zusammenzukommen.«

Oben Die ausladende, gepflasterte Terrasse, von der Stufen rechts zum Strand führen, ist zum Meer hin ausgerichtet. Sie ist mit Steinsofas und einem kleinen, ziegelgedeckten Pavillon ausgestattet. Den kreisrunden Brunnen flankieren Palmen, deren Zweige das Dach dieses »Zimmers« unter freiem Himmel bilden.

Links Vom Meer umspült und von Palmen beschattet, inspiriert dieses Refugium Künstler und Abenteurer, wie schon das alte Ceylon jene in seinen Bann schlug, die – wie Marco Polo – das verlorene Paradies suchten.

Gegenüber, oben Typisch für die regionale Architektur sind geflieste Veranden rund ums Haus. Die regelmäßig angeordneten Türen des hohen Salons lassen die Luft zirkulieren und bieten einen Blick auf Wald und Ozean. Der weiß getünchte Raum ist mit vier großen Sofas möbliert; im Zentrum sind zwei massive Holzdreiecke so zusammengestellt, daß sie einen niedrigen, rechteckigen Tisch bilden.

Gegenüber, unten Die Veranda ist ein umlaufender, offener Wohnraum mit hohen, schlanken Säulen, einfachen Vorhängen und Jalousien aus Schilf sowie antiken Plantagenstühlen.

Blicke von der Terrasse

Als »Räume unter freiem Himmel« sind Terrassen, Veranden und Balkone am Wasser herrliche Orte, um zu lesen, sich zu sonnen oder sich bei einem Cocktail zu unterhalten. Vor allem aber sind sie magische Aussichtspunkte, von denen man den Anblick des Wassers genießen kann. Der Charakter von Terrassen und Balkonen wird von ihrer Ausstattung bestimmt. Sie können mit steinernen Balustraden, Geländern aus gedrechseltem Holz oder Metall und Plexiglasscheiben versehen sein. Auf manchen Terrassen und Balkonen gewähren auch Sonnensegel, geraffte Dächer oder Schirme Schutz vor Licht und Wetter.

Natürliche Terrassen sind schmale, ebene Flächen oberhalb eines steilen Hanges, unter dem sich ein Fluß, ein See oder ein Meer ausbreitet. Künstliche Terrassen wie auch kleinere Veranden und Balkone schaffen eine physische und visuelle Beziehung zwischen der Wasserfläche und den Gebäuden am Ufer. Es sind Elemente, die ganz konkret in den Raum des Wassers hineinragen und die den Charakter eines Gebäudes von Grund auf verändern können – sie verwandeln das Haus von einem abgeschlossenen Schutzraum in eine dramatische Bühne, von der aus man die sich wandelnde Beziehung von Wasser, Erde und Luft beobachten und genießen kann.

Schützende Häfen

Unregelmäßige Küsten mit kleinen Meerbusen, geschützte Buchten und Flußmündungen bilden hervorragende Naturhäfen. Da sie über Meerengen oder andere Schiffahrtswege mit dem Ozean verbunden sind, haben sie bei der Verbreitung der Kultur auf der Erde eine bedeutende Rolle gespielt. Golfe und ihre Hafenstädte haben – besonders in den Mittelmeerländern und in den Küstengebieten von Indien, China und Japan – zur Geschichte und zur Entwicklung der Zivilisation beigetragen.

Jede gewölbte Küstenlinie kann als Golf oder – falls sie sehr klein ist – als Bucht bezeichnet werden. Das ruhige Wasser von Naturhäfen – wie dem von Giovanni da Verrazano in der New York Bay entdeckten – bietet den Schiffen Schutz. Heute ist man mit Hilfe moderner Technik in der Lage, durch den Bau fester oder schwimmender Wellenbrecher und Landungsbrücken an wirtschaftlich interessanten Orten künstliche Häfen zu schaffen. Je nachdem, ob sich der Übergang vom Wasser zum Land allmählich oder abrupt vollzieht, bieten Golfe und Buchten den Bewohnern und Besuchern unterschiedliche Zugänge: Kais oder Piers, Molen oder andere Anlegeplätze für Schiffe.

Heutzutage gibt es zwei Grundtypen von Häfen: Der eine bietet Raum für den Transport von Fracht und Passagieren, für die Fischerei und für Schiffsanlegeplätze, der andere schützt das Land vor der Brandung oder sichert Flußmündungen. In vielen fischreichen Buchten und Meerbusen konzentriert sich die Fischerei auf Garnelen, Austern und anderes Meeresgetier, so daß Kais, Strandpromenaden und Piers zum Angeln genutzt werden. Zudem erlauben sie Spaziergänge am Ufer und verleihen den Häfen einen unverwechselbaren Charakter.

Große Städte mit geschützten Häfen gibt es überall auf der Welt. Besonders Hongkong hat eine ungewöhnlich intime Beziehung zum Wasser. Bürotürme, Apartmenthäuser und Industriebauten stehen an einem Hafen, in dem Frachter, Dampfer und Tanker neben den kleineren Dschunken und Yachten liegen. Die Hügelwelt des Victoria Peak und die Bucht bilden einen natürlichen Kontrast. Erstaunlicherweise kann man das moderne Hongkong mit dem idyllischen Fischerort Portofino vergleichen, denn trotz ihres Größenunterschieds haben die beiden Orte eine untrennbare Beziehung zu ihren Häfen. Portofino erstreckt sich entlang einer kleinen Bucht an der ligurischen Küste. Zwischen Stadt und Wasser verläuft in sanftem Bogen eine enge, zur zentralen Piazza führende Pflasterstraße. Schmale Gassen schlängeln sich den Hang empor, auf dem die Häuser wie eine Collage aus bemaltem Stuck wirken.

Die einzigartigen Villen, die in der Nähe von Städten wie Hongkong und Portofino in Privathäfen stehen, sind Teil der farbigen Tradition der jeweiligen Gegend. Die regionale Art und Weise der Anbindung oder Trennung der Gebäude vom Wasser ist für die Identität solcher Bauten ebenso wichtig wie ihre Form und das verwendete Material.

Red Oaks

Little Harbor, Cohasset, Massachusetts, USA

Ein Granitfelsen am Rande des Hafens von Cohasset bildet das Fundament dieses Hauses aus dem Jahr 1906. Vor der Schindelfassade mit georgianischen Details gewährt die ausladende weiße Terrasse mit Holzgeländer einen Blick auf den Hafen.

Cohasset, ursprünglich ein Bade- und heute ein Wohnort, ist eine wunderschöne Stadt. Sie war im späten 19. Jahrhundert einer der Brennpunkte der Auseinandersetzung mit der kolonialen Vergangenheit«, erzählt Robert A. M. Stern, der in den Jahren 1992 bis 1996 ein Haus in dieser neuenglischen Hafenstadt renovierte. »Der Bau entstand 1906 für eine Bostoner Familie, die in Cohasset den Sommer verbrachte. Der ursprüngliche Ballsaal mußte leider abgerissen werden, weil er den Blick verstellte und den Zimmern das Licht nahm.« Nun liegt vor dem neuen Salon eine breite Veranda mit toskanischen Säulen. An der Stelle des ehemaligen Ballsaals liegt heute ein Garten mit Blick auf den westlich gelegenen Hafen und ein Pool, der von Felsen und grasbewachsenen Pflastersteinen umgeben ist.

Das Interieur des Hauses ist im Stile von Ogden Codman gehalten, des großen amerikanischen Innenarchitekten der Jahrhundertwende. Ein kleines Arbeitszimmer wurde mit Kirschholz ausgekleidet, und jeder Kamin erhielt einen kunstvoll geschnitzten Sims. Das Schlafzimmer hat nun eine gewölbte Decke und ein Erkerfenster, das die Aussicht verbessert. Geschnitzte Delphine und Boote zieren die Wandverkleidung in der Halle. »Die Eingangshalle ist einer der schönsten Räume dieses alten Hauses«, sagt Stern. »Ein Teil der Holzarbeiten ist alt, ein anderer neu. Welcher Teil neu und welcher alt ist, kann man aber nicht genau erkennen. Alles sieht aus, als sei hier ein großes Haus von seinen neuen Eigentümern aufgefrischt worden. Genau das ist der Effekt, den wir erzielen wollten.« Bei der Umgestaltung hat Stern mit dem Architekten Randy Correll zusammengearbeitet.

Das Haus mit seinen georgianischen Details ist im »Schindelstil« erbaut. Die graue Schindelverkleidung bildet einen Kontrast zu dem hohen, steinernen Schornstein; weiße Fenster- und Türrahmen umgeben die vielen Öffnungen, von denen sich der Blick auf das Wasser erschließt. Die asymmetrische Fassade besteht aus Erkern und Gauben, einer kleinen Dachterrasse, einem neuen Wintergarten, einer ausladenden Terrasse mit Blick auf den Hafen und einer Anzahl breiter Giebel. Gärten mit Steinmauern und Holzzäunen umgeben das über der Bucht gelegene Haus.

»Red Oaks« läßt sich mit »Beauport« vergleichen, einer 1907 von Henry Davis Sleeper in Gloucester, Massachusetts, erbauten historischen Villa. »Ein Mann wie Mr. Sleeper hatte keine Probleme damit, alte mit neuen, auf alt getrimmten Elementen zu verbinden«, sagt Stern. »Er plünderte andere Häuser oder erwarb Teile von ihnen, um sie vor der Zerstörung zu bewahren. Wir stehen mit ›Red Oaks‹ also in einer neuenglischen Tradition, die das Haus zu einem Palimpsest mit verschiedenen Lagen macht.« Wie »Beauport« steht auch »Red Oaks« an einem Ort mit spektakulärer Aussicht. »Das Besondere hier ist das phantastische Gefühl, auf der Spitze eines zwölf Meter hohen Granitfelsens zu wohnen«, sagt Stern.

Gegenüber Von den schönen Proportionen des Eßzimmers fällt der Blick durch eine Doppeltür über die Terrasse auf die Bucht von Little Harbor, in der die neuenglische Stadt Cohasset liegt.

Rechts Stern hält die Eingangshalle für den schönsten Raum des ursprünglichen Hauses. Geschnitzte Reliefs mit Delphin- und Bootsmotiven zieren die Wandtäfelung. Die neuen Elemente sind so geschickt integriert, daß sie nicht als neu zu erkennen sind und genauso ehrwürdig und integer wie das Haus selbst erscheinen.

Unten Um die Aussicht zu verbessern, ist das Schlafzimmer mit einer gewölbten Decke und einem Erker versehen worden. Möbel und Dekoration sind im Stile von Ogden Codman gehalten, eines bekannten Innenarchitekten der Jahrhundertwende.

Mediterranes Weiß

Meerenge von Blau, Menorca, Spanien

Einer der Flügel dieses iberischen Hauses am Hafen ragt auf das Wasser hinaus. Oscar Tusquets und Carlos Diaz haben den darauf befindlichen Eckpatio so gestaltet, daß er im kalten und windigen Winter Menorcas geschlossen werden kann.

Von einem winzigen privaten Bootssteg führt eine schmale Treppe empor zur »Casa Tula«. »Das Haus steht auf einem hohen Felsen und hat eine sehr enge Beziehung zum Wasser«, erklärt der in Barcelona arbeitende Architekt Oscar Tusquets, der das Inseldomizil auf Menorca gemeinsam mit seinem Partner Carlos Diaz entworfen hat. »Es steht in der Meerenge von Blau, einem natürlichen Hafen mit ruhigem Wasser.« Wahrscheinlich ist das Haus das letzte Gebäude auf der Baleareninsel, das so nahe am Wasser steht. »Ein strenges neues Gesetz verbietet es, Häuser mit weniger als 50 Metern Abstand vom Ufer zu bauen«, berichtet Tusquets.

Der glückliche Besitzer des Hauses ist ein Anwalt, der ursprünglich den verstorbenen James Stirling mit dem Bau beauftragen wollte. Da dieser keine Zeit hatte, schlug er Tusquets vor. »Der gute Mann kam mit einem Brief von James Stirling, und ich dachte: Wer Stirling beauftragt, ist ein interessanter Kunde«, sagt Tusquets. »Also habe ich das Projekt übernommen.«

Von Anfang an wurde das Haus so geplant, daß sämtliche Wohnräume auf das Meer hinaus gehen. Tusquets und Diaz entwarfen den Bau als eine Reihe miteinander verbundener Giebelelemente. Dabei verbindet ein Giebel zwei ebenfalls gegiebelte Flügel. Auf der dem Land zugewandten Seite ragen die beiden Giebel ganz symmetrisch über dem Zentralbau auf, auf der Hafenseite hingegen ragt einer der beiden Flügel über den Abhang hinaus, während der andere zurückweicht, um einer Terrasse Platz zu machen. Die kubischen Giebelbauten besitzen eine klare Geometrie und passen sich der rechteckigen Form des Fundaments an. »Ich finde den Blick vom Haus auf das Meer ebenso schön wie den Blick vom Meer auf das Haus«, sagt Tusquets.

Eine der Herausforderungen war die Frage, wie mit den Wetterbedingungen umgegangen werden sollte. Die Anordnung der Flügel zeigt nun, wie dieses Problem gelöst wurde. »Jeder glaubt, auf den Balearen herrsche immer ein phantastisches Klima«, erklärt Tusquets. »Auf den Norden Menorcas trifft das aber in keiner Weise zu. Im Winter weht ein kalter Nordwind, während der Sommer wunderschön ist. Mit Rücksicht darauf sind die wichtigsten Räume auf die Sonne hin ausgerichtet und mit Terrassen versehen. Das ist wichtig, um im Sommer, wenn die Sonne stark und heiß ist, für ausreichend Durchzug zu sorgen. Im Winter ist die große Terrasse durch den anderen Flügel des Hauses vor dem heftigen Nordwind geschützt. Das Eßzimmer befindet sich im zurückweichenden Flügel, wodurch es geschützt und warm ist, und hat doch eine offene Aussicht.« Im Winter oder bei Abwesenheit des Eigentümers können alle Fenster mit Schlagläden verschlossen werden. An das manchmal rauhe Klima angepaßt ist auch der wind-, wetter- und meerwasserresistente Garten. Mit seinen einheimischen Pflanzen paßt er sich den Wetterbedingungen optimal an.

Importiert sind hingegen die Elemente des britischen Klassizismus des 18. Jahrhunderts, der den Entwurf von Tusquets und Diaz inspirierte. Die Giebelform ist ein Erbe aus der britischen Kolonialzeit. »Inzwischen haben derartige Formen auf der Insel zwar Fuß gefaßt, sind aber weder Ausdruck der lokalen Architektur noch wirklich populär. Mir allerdings gefällt dieser recht naive klassizistische Stil«, sagt Tusquets. Die von Juan Bordes geschaffenen Reliefs in den Giebeln reflektieren diese Naivität exakt. Die mythischen Symbole für Wind und Sonne kämpfen mit den Kräften der Natur, die diesen wildromantischen Ort umspielen.

Gegenüber, oben links Die »Casa Tula« erhebt sich über einem Naturhafen nahe Mahon. Ein Blick aus der Distanz macht die Geometrie des Hauses deutlich: Einer der Flügel weicht zurück, um Raum für eine Terrasse zu schaffen. »Die wichtigen Räume sind zur Sonne hin ausgerichtet und haben Terrassen, die im Sommer für Durchzug sorgen«, sagt der Architekt Tusquets. Der Giebelstil des Hauses basiert auf klassizistischen Einflüssen, die während der britischen Kolonialzeit auf die Insel gelangten.

Gegenüber, oben rechts Die auf Lücke gesetzten Holzbalken der oberen Terrasse lassen auf dem Boden der unteren Terrasse Lichtmuster entstehen. Das Haus ist mit modernen Möbeln von Oscar Tusquets und anderen zeitgenössischen Designern ausgestattet. Beispiele dafür sind der Teppich »Luna« und das Ensemble »Solaria«, das aus einem Sessel und einem Tisch besteht.

Gegenüber, unten links Über die graue Marmorwanne und die Ablage des Badezimmers schweift der Blick über den hölzernen Balkon in die Meerenge von Blau. Die florale Metallskulptur ist ein Werk von Guillem Bonet und Alicia Nuñez.

Gegenüber, unten rechts Der Arbeitsplatz im Schlafzimmer, das mit dem Bad verbunden ist, besteht aus einem Sessel von Jorge Pensi und einem Sekretär aus Platanenholz von Jaume Tresserra, der auf einem Glastisch steht. Durch die gläserne Wand zur kleinen Veranda blickt man auf den Hafen.

Rechts Transparenz ist eines der Prinzipien, die den Entwurf des ganzen Hauses bestimmen. Vor dem Küchenfenster ist ein Glaskabinett angebracht, so daß der Blick auf das Wasser erhalten bleibt. Porzellanservice und Gläser sind von Oscar Tusquets.

Architektonische Reihung

Sag Pond, The Hamptons, Sagaponack, New York, USA

Das Süßwasser von Water Mill und das Salzwasser des Atlantiks fließen im Sag Pond von Sagaponack zusammen. Das Anwesen ist ein modernes architektonisches Ensemble aus separaten Räumen, die von den Architekten Agrest und Gandelsonas entworfen wurden.

Dies ist wahrscheinlich das schönste Anwesen am Wasser, das wir kennen«, sagt Richard Ekstract, der weiß, wovon er spricht. »Früher hatten wir ein Haus am Meer, aber im Winter kann der Blick hinaus recht trostlos sein. Bis auf gelegentlich vorbeifahrende Fischkutter ist dann nicht viel zu sehen. Aber hier am See gibt es zu jeder Jahreszeit die verschiedensten Tiere zu beobachten.«

Als Ekstract und seine Frau Eileen das Architektenteam Diana Agrest und Mario Gandelsonas beauftragten, ein traditionelles Haus für ihr Grundstück am Sag Pond zu entwerfen, waren sie vom Ergebnis überrascht – der Bau bestand zwar aus vielen traditionellen Teilen, aber diese wurden einfallsreich zerlegt. Obwohl es recht unkonventionell aussieht, ist das Haus doch so angelegt, daß es die Vorzüge des 30 Meter vom Sag Pond entfernten Grundstücks zur Geltung bringt. »Wir haben 17 verglaste Doppeltüren im Erdgeschoß, so daß mit Ausnahme eines Schlafzimmers alle Räume einen Blick aufs Wasser bieten«, erzählt Richard Ekstract.

Agrest und Gandelsonas plazierten die Zimmer entlang eines großen Raumes mit hölzernem Tonnengewölbe, vor dem ein Pool liegt und der den Zentralbau des Komplexes darstellt. Von ihm gehen einzelne, separate Gebäudeteile aus: eine Reihe von Holztürmen, ein zylindrischer Glasturm mit einem Arbeitszimmer und ein Steg in die Lagune, an dessen Ende eine auf Stelzen erbaute Hütte steht, von der aus man die See überblicken kann. Eine lange Mauer im Stil von Luis Barragán verläuft entlang des Pools, an dem zwei hölzerne Badehütten stehen.

»Von unserem Schlafzimmer hat man eine schöne Aussicht, und wir können sofort raus in die Natur. Von vielen Punkten aus kann man den Sonnenuntergang bewundern, der hier sehr schön ist. Um das gesamte Arbeitszimmer oben führt ein Rundbalkon, so daß man auch von dort interessante Aussichten auf den Sag Pond hat«, sagt Richard Ekstract. »Von da oben können wir in der Ferne auch den Ozean sehen«, ergänzt Eileen Ekstract. Da der Grundwasserspiegel unter dem Seegrundstück sehr hoch ist, hat das Haus ein verstärktes Fundament. Wenn es stürmt, sind seine soliden Stahlrahmen in der Lage, Windgeschwindigkeiten von über 200 Stundenkilometern zu trotzen.

Heute müssen Häuser am Sag Pond einen Abstand von mindestens 100 Metern zum Wasser einhalten, doch das Haus der Ekstracts hatte einen 25 oder 30 Jahre früher gebauten Vorläufer, so daß es wesentlich näher am Wasser steht als viele Häuser in der Nachbarschaft. »Wir können sehen, wie sich die Strömung des Wassers verändert«, sagt Eileen Ekstract über den Einfluß der Gezeiten. »Die Lagune enthält Brackwasser«, ergänzt ihr Gatte. »An einem Ende wird sie von den Bächen gespeist, die vom Hügel von Water Mill herabströmen, am anderen Ende vom Ozean. Hier treffen sich also zwei Sorten Wasser. Im Sag Pond leben Hechte, Krabben, Muscheln und ähnliches Getier. Die meisten Fische, die man hier fängt, sind allerdings Hechte.«

»Es gibt unglaublich viele Tiere hier«, sagt Eileen Ekstract. »Wir fahren Kanu und beobachten dabei viele Vögel, die von der Lagune angelockt werden: Wildgänse, Schwäne, Enten und viele andere«, erzählt ihr Gatte. »Es gibt nur ein Problem – manchmal fliegt frühmorgens, wenn wir noch schlafen, ein Schwarm Wildgänse über das Haus. Dann werden wir von ihrem lauten ›Gah, gah, gah‹ geweckt.«

Links Glastüren bilden die Seitenwände des gewölbten Wohnraums, der als Rückgrat des gesamten Anwesens dient. Ein großer Kamin unterteilt den Raum, der mit bequemen Klassikern möbliert ist.

Ganz oben An einem Ende des offenen Wohnraums befindet sich der Koch- und Eßbereich, in dem eine große Theke steht. »Von hier aus kann man viele Vögel beobachten«, sagt Eileen Ekstract. »Die Lagune lockt Wildgänse, Schwäne, Enten und viele andere Vogelarten an.«

Oben Eine Brücke führt von einem Aussichtspunkt zum Schlafzimmer der Eigentümer. Um das Arbeitszimmer im oberen Stock führt ein Rundbalkon.

Torre Clementina

Côte d'Azur, Cap Martin, Frankreich

Die neoromantische Villa »Torre Clementina« in Domain de Cap Martin ist nach der Umgestaltung stärker auf das Meer hin ausgerichtet. Die Architekten statteten sie mit zusätzlichen Wasserbecken und einer unterirdischen Grotte aus.

Bei der Renovierung haben wir »Torre Clementina« stärker auf das Meer hin ausgerichtet«, erklärt der Architekt David Martin. Ursprünglich war die phantasievolle, von Lucien Hesse kurz vor der Jahrhundertwende entworfene Villa auf eine enge Zufahrtsstraße hin orientiert. Eine gotische Ruine bildete die Toreinfahrt. In den vergangenen Jahren wurde der schloßähnliche Bau von David Martin und dem New Yorker Architekten Charles T. Young für einen ausländischen Auftraggeber renoviert. Young gestaltete ihn um und ergänzte die romanische Grundstruktur um Zierelemente, überdachte Wege, Terrassen, Brunnen und einen neuen Garten. Schöne Aussichtspunkte, Terrassen und Wasserbecken verbinden die Villa mit dem phantastischen Blick auf Monte Carlo und das schimmernde Mittelmeer.

Young und Martin lehnten sich an den malerischen Baustil der alten Villa mit ihren Mauern aus Bruchstein und ihren bizarren Details an. »Besonders interessant an diesem Haus ist seine Fin-de-siècle-Romantik in Kombination mit einer Ruinenarchitektur«, sagt Young im Hinblick auf den gotischen Eingang, die schloßähnliche Anlage des ursprünglichen Entwurfs, die Grotten und römischen Viadukte des alten Gartens. »Wir haben uns entschlossen, die Anzahl von Zierelementen zu erweitern. Besonders im Garten haben wir kleine Türme, Bögen und Durchgänge hinzugefügt, die wie Ruinen aussehen.« Um das Volumen klarer zum Ausdruck zu bringen, wurde der obere Teil des Hauses neu geschaffen und ein Stockwerk entfernt. Da weitere Zimmer entstehen sollten, ohne den Charakter des Hauses zu verändern, wurde unter dem Erdgeschoß ein Untergeschoß angelegt, dessen Räume so aufgeteilt sind, daß sie die Räume zwischen den tragenden Elementen des Fundaments nutzen. Auf der dem Meer zugewandten Seite entstanden eine riesige Terrasse und ein Pool mit einer Grotte. »Im Unterschied zu anderen älteren Häusern, die stärker abgeschlossen sind, verbindet diese Villa den Aspekt der Abgeschlossenheit mit dem der Aussicht«, sagt Young. »Es ist wie bei einem guten Bühnenbild: Der Blick aus dem Fenster wird eingerahmt wie bei einem Gemälde.« Als die Architekten den oberen Teil des Hauses umgestalteten, schufen sie Aussichtspunkte im oberen Stock und eine Terrasse über dem Salon, um einen Blick in die Ferne zu ermöglichen.

Durch die terrassenartige Anlage des Gartens war eine Verbindung zum Wasser zwar bereits gegeben, doch die Architekten nutzten die einzigartige Lage des Gartens noch besser aus. »Es ist erstaunlich, wie der alte Gartenarchitekt Raffaele Maïnella aus einem bloßen, ungefähr 45 Meter hohen Felsen einen Garten gemacht hat. Durch gemauerte Bogenreihen schuf er Platz, wo vorher keiner war«, sagt Young. In Zusammenarbeit mit dem Gartenarchitekten Robert Truskowski wurde das Gelände am Abhang, das auf gemauerten Viadukten im römischen Stil ruht, so erneuert, daß ein abgestufter Garten mit einem Zickzackweg entstand. Spaziert man hinab, entdeckt man, daß die Bögen mancherorts in Grotten münden.

»Ein Gefühl der Abgeschlossenheit entsteht vor allem dort, wo die alte Bepflanzung den Garten wie ein Zimmer umschließt, aber dann kommt man wieder zu einer Lücke zwischen den Bäumen und hat einen wunderschönen Blick auf das Mittelmeer und auf Monte Carlo«, sagt Young. »Bei der Planung neuer Elemente haben wir also versucht, das Zusammenspiel von Abgeschiedenheit und Aussicht, das im Garten und im Haus bereits vorhanden war, zu erhalten und zu intensivieren.«

Oben Das klassische, überdachte Becken, das sich vom Erdgeschoß des Hauses in den Garten erstreckt, ist von den Grotten und Viadukten des ursprünglichen Gartens inspiriert. Young koordinierte die Gestaltung des Außenbereichs mit seinen offenen Gebäuden und Pavillons zusammen mit dem Gartenarchitekten Truskowski.

Gegenüber Durch den neuen, reflektierenden Pool, ein unterirdisches Becken und eine Grotte sowie durch Pavillons und Terrassen wird eine intensive Verbindung zur phantastischen Aussicht auf Monte Carlo und das Mittelmeer geschaffen.

Rechts Der alte schloßartige Bau besteht aus romanischen Festungstürmen und Bruchsteinmauern. »Die für die Jahrhundertwende typische Vorliebe für ruinenähnliche Strukturen hat auch die Gestaltung der zusätzlichen Schmuckelemente wie den überdachten Säulengang im Garten inspiriert«, sagt Young.

Links Terrassen, Treppen, römische Bögen und mosaikverzierte Becken verleihen dem Anwesen Abwechslung. Aus dem oberen Teil des Hauses wurde ein in den 20er Jahren hinzugefügtes Stockwerk entfernt; dafür entstand ein neues Geschoß unter dem Haus, von dem man Zugang zur Grotte und zum Pool hat.

Gegenüber Aus der mit zahlreichen Mosaiken verzierten römischen Grotte im Untergeschoß fällt der Blick auf den Pool und das Mittelmeer.

Moderner »Schindelstil«

Naragansett Bay, Newport, Rhode Island, USA

Typisch für das historische Newport ist der »Schindelstil« des späten 19. Jahrhundert. Die in diesem Stil erbauten Türme, Veranden, Erkerfenster und Walmdächer haben durch den Architekten James Estes eine neue Interpretation erfahren.

Noch bevor wir das Grundstück freigelegt hatten, stieg James Estes auf einen Ahornbaum, um es zu überblicken und die beste Ausrichtung für das Haus zu bestimmen«, erzählt eine Bewohnerin der Villa in Newport, Rhode Island, am Ufer der Naragansett Bay. Das Haus orientiert sich nach Südwesten, auf das offene Meer und die Insel Block Island hin. Es steht auf einem langen, schmalen Grundstück, das sich nach Westen hin bis zu einem Küstenabhang erstreckt. »Wir sind wegen der Sonnenuntergänge hierher gezogen. Man kann sehen, wie der Himmel sich zunehmend verändert. Schön sind die Sonnenuntergänge vor allem dann, wenn auch Wolken – sogar Regenwolken – zu sehen sind.« Die Eigentümer wollten ein Haus im »Schindelstil«, das die formalen Grenzen dieses Stils überwinden sollte.

Charakteristisch für den »Schindelstil«, der sich in der Gegend von Newport und Boston entwickelte, ist die Verwendung von Schindeln für die Verkleidung der gesamten Fassade, die Einheitlichkeit der Fassade und ein offener Grundriß um die Eingangshalle. Abgesehen vom Walmdach passen auch andere Aspekte von Estes' Entwurf zu den Grundprinzipien dieses Stils. So erklärt der Architekt: »Bestimmend für das ganze Haus sind die zwei einfachen Formen des Turms und des Walmdachs; zusammengehalten wird alles durch eine Verkleidung aus plastisch wirkenden Schindeln aus Virginischem Wacholder. Dekorative Elemente beschränken sich auf ein Minimum, und an manchen Stellen treten die Fenster zurück, um die Schindeln und ihre umhüllende Wirkung zu betonen.«

Der Eingang mit einer gekurvten Treppe ist in die Fassade geschnitten; dasselbe gilt für die geraden und gebogenen Erker und Balkone an der Meerseite. Auch der Turm verschmilzt mit der Gesamtform. Küche, Eß- und Wohnzimmer sind zu einem großen Bereich zusammengefaßt, während der Salon ein informeller, einfacher Raum ist. »Unser Lieblingszimmer liegt im Obergeschoß in der südwestlichen Ecke«, sagt die Bewohnerin. »Es ist sonnig und hat die beste Aussicht … Wir haben einen großartigen Blick auf den Himmel. Es ist wunderschön, im Wohnzimmer zu sitzen und eine Aussicht von fast 180 Grad zu haben, durch die man die Gewitterwolken heranziehen sehen kann. Auch wenn der Wind heult, fühlt man sich hier sehr sicher, weil wir dem Norden, aus dem die Stürme meist kommen, kaum ausgesetzt sind.«

Die natürliche Bepflanzung um das Haus wurde mit Absicht gewählt. Im Sommer wird die Terrasse zu einem offenen Wohnbereich, von der man die Aussicht und die Landschaft genießen kann. »Wir empfangen dort Gäste, und bei schönem Wetter sitzt mein Mann morgens immer draußen und liest die Zeitung«, erzählt die Bewohnerin. »Im Frühjahr beobachten wir am liebsten die Segelboote, die nach dem Winter wieder hinausfahren.« Newport liegt an einer belebten Bucht mit vielen Wassersportmöglichkeiten, und die Yachten, die für den America's Cup trainieren, werden am Haus vorbei auf das Meer hinausgeschleppt.

»Wir sehen auch die Hummerfischer mit ihren Körben, und im Herbst kommen Taucher aus dem Binnenland. Zu beobachten sind auch verschiedene Enten und andere Vogelarten, zum Beispiel Säger, Königseiderenten, Schellenten und Halsband-Regenpfeifer. Im Winter bevölkern Seehunde den Felsen in der Bucht.« Das Haus ist das ganze Jahr über bewohnt, wobei sich herausstellt, daß das Leben am Wasser schöne Möglichkeiten bietet, den Tag zu beginnen: »Morgens geht mein Mann meist mit dem Hund am Strand spazieren. Er zieht einfach die Stiefel über seine Anzughosen und verschwindet.«

Oben Der Erker mit dem Salon verleiht gleichzeitig der Terrasse ihre runde Form. Die Fenster mit ihren segmentierten Oberlichtern sind typisch für den traditionellen »Schindelstil«. Auf einen offenen Steinkamin hin ausgerichtet, ist der Raum, der an ein Treppenhaus angrenzt, ein gemütlicher Treffpunkt. Auf der anderen Seite des Treppenhauses liegt der Koch-, Eß- und Wohnbereich.

Rechts Der Balkon mit geschwungenem Rand scheint wie aus dem Corpus des Hauses herausgeschnitten. Er liegt vor dem Schlafzimmer des Hausherrn im Turm und ist einer der schönsten Plätze, um den Blick auf die Bucht zu genießen.

Gegenüber, oben Das Eßzimmer mit seinem großen Erker liegt im unteren Teil des Turms. Von hier blickt man Richtung Südwesten auf das offene Meer und die Insel Block Island. »Die Innenausstattung ist so gewählt, daß sie die verschiedenen Formen der Zimmer unterstreicht. Das ist typisch für den »Schindelstil«, sagt der Architekt.

Gegenüber, unten »Vom Bett aus kann man die Bucht in einem Halbkreis von fast 180 Grad sehen«, sagt eine Bewohnerin des Hauses.

Casa Blava

Costa Brava, Kap Creus, Cadaquès, Spanien

Die Villa »Casa Blava« vereint Nostalgie mit städtischer Eleganz. Die Atmosphäre des Hauses wird bestimmt durch Fliesen auf den Böden im Innern des Hauses und auf der Bootshausterrasse sowie durch Kacheln auf Wänden und Türen.

Blava, das Hafenviertel des spanischen Ortes Cadaquès, ist einer der am besten erhaltenen und typischsten Fischerorte an der nördlichen Mittelmeerküste nahe der französischen Grenze. Bougainvillea und Oleander wachsen in den steilen, engen Gassen, die sich vom Hafen emporschlängeln. Da es in der Stadt keine großen Hotels gibt, mieten die Urlauber meist Häuser oder Wohnungen. An Ecken und Promenaden befinden sich Cafés und Bars; letztere werden als »Keller« bezeichnet, weil sie bis ins 19. Jahrhundert als Weinkeller dienten.

Cadaquès liegt in einer Bucht auf der Halbinsel von Kap Creus, die Teil der zerklüfteten, mit kleinen Buchten durchsetzten Costa Brava ist. Das Meer in dieser warmen und feuchten Gegend ist reich an Fischen und Muscheln aller Art. Zum Bild der Landschaft gehören das Silbergrün der Olivenbäume und das Silberblau des endlosen Horizonts. Im Landesinnern finden sich Wälder, Wiesen und Dörfer, die von Feldern umgeben sind, und auch die Orte am Meer sind klein und malerisch geblieben.

In dieser katalanischen Umgebung steht die »Casa Blava« mit ihrer Jugendstil-Fassade. Geometrische blaue Kacheln umrahmen die Fenster; die Terrassengeländer sind in harmonischem Kobaltblau gehalten. Die vierstöckige Fassade ist weitgehend symmetrisch; nur die beiden Flügel unterscheiden sich voneinander in der Form ihrer steilen Dächer und der kleinen Fenster im Dachgeschoß. Zwischen diesen Fenstern führen Metallstreben, die auf Konsolen aufsitzen, zum Dachgebälk. Die Steildächer mit ihren auskragenden Überhängen zeigen mittelalterliche Einflüsse. Den Haupteingang in der Beletage schmückt ein Muster aus blauen und mattgelben Kacheln. Eine Treppe führt über einen Durchgang im Erdgeschoß und hinab auf die Hauptterrasse. Mit einem reich verzierten Geländer aus Schmiedeeisen und Kacheln bildet diese das Dach des Bootshauses, dessen angeschrägte Türen und Fenster nahe am Wasser liegen.

Auch das Interieur des Hauptgeschosses mit seiner hohen Decke scheint aus einer früheren Zeit zu stammen. Polierte Holzböden und Möbel im Stil des 19. Jahrhunderts verströmen einen nostalgischen Charme.

In Cadaquès finden sich griechische und römische Ausgrabungen, eine Erinnerung daran, daß die katalanische Kultur die Ideale des alten Rom assimilierte und so die Stürme der Völkerwanderung nach dem Zusammenbruch des Imperium Romanum überlebte. Nachdem es eine Zeitlang unter islamischer Herrschaft gestanden hatte, entwickelte Spanien eine einzigartige Kultur, die Elemente des Islam und der Antike einschloß. Heute schätzt man Cadaquès wegen seiner lockeren Atmosphäre; Maler und Schriftsteller haben es für sich entdeckt und sich dort niedergelassen. Salvador Dalí wurde im nahen Figueras geboren und verbrachte viel Zeit in Cadaquès, als dieses zu einem Zentrum der Avantgarde aufgestiegen war.

Die Museen und Galerien des Ortes zehren noch immer von diesem Ruf. Zu den berühmtesten Besuchern von Cadaquès zählen die Maler Pablo Picasso, Max Ernst, Marcel Duchamp, René Magritte und David Hockney sowie der Komponist John Cage. Auch Albert Einstein hat hier Urlaub gemacht und in seiner Freizeit Geige gespielt. Heute zeigen zwei Museen die Werke der hier tätigen Künstler; ein weiterer Anziehungspunkt ist das internationale Musikfestival im August.

Gegenüber, oben Das Regal im gefliesten Musikzimmer der Beletage bietet eine große Auswahl an Melodien für das mechanische Klavier.

Gegenüber, unten links Der Salon im hohen Hauptgeschoß ist mit dekorativen Kacheln auf Wänden und Böden geschmückt. Die Decke ist mit einer ornamentalen Leiste eingefaßt.

Gegenüber, unten rechts Das Bad des Hausherrn mit seiner altmodischen Ausstattung: einer freistehenden Wanne und einem Waschbecken mit Sockel. Kacheln finden sich auf Boden, Wand und Deckenleiste; vom hohen Fenster aus bietet sich ein Blick auf die Bucht.

Rechts Die mit blauen und weißen Kacheln verkleidete »Casa Blava« am geschäftigen Hafen von Cadaquès ist im Besitz von Agosto Marucci. Mit Ausnahme der Steildächer und der Auskragungen, die mittelalterliche Einflüsse erkennen lassen, ist sie im Stile der Jahrhundertwende gehalten. Kacheln betonen die Fenster des Hauses und harmonieren farblich mit dem Kobaltblau der Geländer. Die Treppe führt über einen Durchgang im Erdgeschoß hinab auf die Hauptterrasse über dem Bootshaus.

Ein Haus für alle Jahreszeiten

Puget Sound, Seattle, Washington, USA

An einem steilen Hang mit Blick auf die Bucht von Puget und die Olympic Mountains haben die Architekten James Olson und Tom Kundig ein Haus aus Stahl und Glas errichtet. Besonderes Kennzeichen des dreigeschossigen Gebäudes sind die keilförmigen Balkone.

Es ist, als lebe man auf einer abgeschiedenen Insel«, sagt Gilbert Roth über das Haus, in dem er mit seiner Frau Miriam wohnt. Das enge Grundstück nicht weit von Seattle fällt steil nach Westen zum Strand hin ab und bietet eine spektakuläre Aussicht. »Es ist tatsächlich so, daß das Wasser jeden Tag anders aussieht«, ergänzt Miriam Roth. »Von den Balkonen können wir die Fähren und Frachter vorbeiziehen sehen, und im Winter hat man einen Blick auf die schneebedeckten Olympic Mountains.«

Die kontemplativen, klaren Linien des Gebäudes aus Stahl und Glas sind das Werk der Architekten James Olson und Tom Kundig. Die Innenausstattung stammt von Terry Hunziker. »Als Jim das Grundstück zum ersten Mal sah, hatte er sofort eine Vorstellung davon, wie das Haus an den Hang plaziert sein sollte«, erzählt Gilbert Roth. »Kommt man von der Straße her, dann geht man durch eine schmale, hohe Tür, hinter der sich ganz unerwartet ein phantastischer Blick auf den Sund eröffnet. Weil wir oft nach Südfrankreich reisen, wollten wir doppelte Verandatüren, die sich wie an der Riviera zum Meer hin öffnen.« Abgeschirmt von dicken Mauern an den Seiten des Hauses, wird der Balkon von den Roths als Eßzimmer genutzt.

Die Basiselemente des Entwurfs von Olson und Kundig sind durchgehende Plattformen in allen Geschossen, die als Balkone in den Garten ragen. »Wegen des milden Klimas ist der Garten am Hang das ganze Jahr über grün«, erzählt Miriam Roth. »Hier am Wasser ist es wärmer, so daß es hier unten noch blüht, wenn oben am Hügel schon Schnee liegt.« »Wenn unsere Gäste den Balkon betreten, haben sie das faszinierende Gefühl, auf einem Boot zu sein«, sagt Gilbert Roth weiter. Tatsächlich erinnern die Metallgeländer und die Fensterformen an ein Schiff, vor allem in der südwestlichen Ecke und an der Westfassade, wo Glasflächen dominieren.

Im Innern wird man überwältigt von den Eindrücken, die der Blick durch die sorgfältig gestalteten und proportionierten Fenster der Westseite bietet: von der Aussicht, dem Sonnenlicht und dem Geräusch der Brandung. Den besten Blick auf das Wasser hat man von der Galerie aus. Besonders der geschwungene Balkon des Schlafzimmers vermittelt das dramatische Gefühl, in einem Horst über dem Meer zu wohnen. Auf allen Stockwerken gehen Glastüren auf einen Aussichtsbalkon hinaus, wie auch jedes Zimmer sich durch viele Fenster zum Sund hin öffnet. Das Haus wirkt nie trübe oder dunkel, weil selbst im Winter vom Meer her ein silbernes Licht einfällt. Zu dieser Jahreszeit verbringen die Bewohner die meiste Zeit im oberen Schlafbereich mit seinem wärmenden Kamin und dem Blick auf Berge und Meer. Im Sommer, wenn Verwandte und Freunde zu Besuch sind, ist das mittlere Geschoß erfüllt von hellem Licht und einer kühlen Brise.

Der phantastische Ausblick, der nahtlose Übergang zwischen Innen- und Außenräumen und das faszinierende Spiel des Lichts verleihen dem Haus seine besondere Atmosphäre. »Wir können sehen, wenn eine Regenfront naht. Dann peitscht der Wind das Wasser auf, wird wild und rüttelt an der Schutzmauer«, sagt Miriam Roth. »Wir sehen, wie die Sonne untergeht und wie das Wetter entsteht, und das ist wirklich unheimlich aufregend.«

Oben Eine schmale Brücke führt vom Treppenhaus in die Schlafzimmersuite, die mit einem offenen Kamin ausgestattet ist und mit dem dazugehörigen Balkon das gesamte Obergeschoß einnimmt. Innenarchitekt Terry Hunziker hat für den Teppich und die Tagesdecke des Bettes mit den vier hohen Pfosten ein dezentes Kaskadenmuster ausgewählt.

Links Durch die Glasfront fällt Licht in den Salon. Das Metallgeländer des Balkons erweckt den Eindruck, auf einem Schiff zu sein.

Gegenüber Betritt man das Haus durch die enge Vorhalle, gewährt ein schmaler, hoher Durchgang einen spektakulären Blick auf das Meer. Die fast sechs Meter hohe Fensterwand vermittelt das Gefühl, über dem Wasser zu thronen. Besonders schön ist der Blick vom Balkon des Schlafzimmers aus.

Ein Rahmen für die Aussicht

Entscheidend bei der Planung eines Hauses am Wasser ist nicht zuletzt die Frage, wie der Blick auf das Wasser gerahmt werden soll. Von der Gestaltung der Aussicht hängt es ab, wie die Bewohner des Hauses die äußere Umgebung erfahren und wahrnehmen. So können Bögen, Giebel und rustikale Stürze über Fenstern und Türen den regionalen Charakter des Hauses unterstreichen und dramatische Effekte hervorrufen.

Ob rund oder oval, ob vielfach unterteilt oder aus einer Scheibe bestehend – Fenster können die Aussicht in ein sorgfältig choreographiertes Meisterwerk verwandeln. Lamellenläden, Vorhänge und Jalousien verleihen Charakter und sorgen für eine geheimnisvolle Atmosphäre. Von außen spiegelt sich in den Fenstern das Wasser als transparenter Schimmer oder als gleißende, tanzende Brechung.

Türen, Fenster und Durchgänge laden zur Kommunikation mit der Umgebung ein. In Häusern am Wasser lenken sie unseren Blick auf ihre eigentliche Bedeutung: ein Rahmen zu sein für die Aussicht auf Seen, Flüsse oder das Meer.

An Flüssen und Wasserfällen

Das Geräusch von Flüssen und Bächen erfreut uns, und wenn man ein Haus an einem fließenden Gewässer baut, so können uns die optischen und akustischen Eindrücke ein Leben lang verzaubern. Es kommt jedoch auf die Art der Anbindung des Hauses an das Wasser an, denn zu viele Geräusche können die Sinne überreizen und störend wirken. Flußwasser rauscht, strömt und gurgelt, wobei sich die Geräusche mit den jahreszeitlichen Schwankungen des Wasserpegels verändern. Flüsse und kleinere Wasserläufe erhalten ihr Wasser durch abfließende oder versickernde Niederschläge, aus Quellen oder von schmelzenden Schneefeldern und Gletschern. Ein Wasserlauf kann beständig, zeitweise oder nur vorübergehend existieren; ist letzteres der Fall, führt er nur bei starken Niederschlägen Wasser und ist sonst trocken. Trockentäler mit flachen Gräben unterscheiden sich deutlich von den V-förmigen Rinnen in Feuchtgebieten.

In der Frühzeit spielten Flüsse als Standorte befestigter Siedlungen eine entscheidende Rolle, da sich an ihren Ufern die ersten Zivilisationen entwickelten. Weil die Fruchtbarkeit eines Landes von der Bewässerung und der Abwehr von Überschwemmungen abhing, waren Deiche, Dämme und Kanäle die ersten wichtigen technischen Bauten. Die Bewältigung dieser Herausforderungen führte zur Herausbildung sozialer Strukturen und ließ an den Flußufern die ersten Städte entstehen. Noch heute liegen viele Handelshäfen an Flüssen, und an Amazonas und Jangtse gibt es sogar Häfen, die mit Hochseeschiffen erreichbar sind. Flüsse liefern Wasserkraft für Elektrizitätswerke, Mühlen und Fabriken. Da sie gleichzeitig das Bedürfnis der modernen urbanen Gesellschaft nach Wasser befriedigen müssen, werden die Auswirkungen der Umweltverschmutzung hier besonders deutlich. Hafenbecken, Docks und Kais vieler historischer Städte haben in den vergangenen Jahrzehnten Schaden genommen. Allerdings haben sich durch die Erhaltung und Neugestaltung von Kais und Piers interessante architektonische Möglichkeiten für den Wohnungsbau ergeben. Durch den Wassersport wurde ein neues Interesse an den Flußhäfen geweckt und die Bautätigkeit an Flußufern gefördert.

Wasserfälle sind – ebenso wie Flüsse – Orte von landschaftlicher Schönheit; sie wirken inspirierend und liefern hydroelektrische Energie. Ein neben einem Wasserfall erbautes Haus ist steinerner Zeuge eines phänomenalen Naturschauspiels. Wasserfälle entstehen durch das abrupte Abfallen eines Flußbetts. Charakteristisch dafür sind die Becken, die sich direkt unter dem Wasserfall im Flußbett bilden.

Grotten sind ebenso wie Wasserfälle ein seltenes Phänomen. Natürliche Grotten sind Höhlen mit ruhigen Becken, die von Quellen gespeist werden. Von der Renaissance bis ins 17. Jahrhundert hinein baute man künstliche Grotten nach den antiken Vorbildern mythischer Quellen. In europäischen Parks wie auch in modernen Häusern und Feriensiedlungen findet man auch heute solche moosigen Höhlen mit Felsen und Wasserbecken.

Edgewater

Hudson River, Tarrytown, New York, USA

Dieses klassizistische Anwesen am Hudson River ist ein Entwurf des Architekten Robert Mills aus dem Jahre 1820. Die achteckige Bibliothek und die Rasenterrasse vor der dorischen Vorhalle wurden dem Haus 1854 hinzugefügt.

Die Formen des britischen Herrenhauses wurden in vielen der frühen Staaten Nordamerikas mit kolonialer Vergangenheit in nobler Weise imitiert. Edgewater, das säulengeschmückte Domizil eines Urenkels des schottischen Kolonialherren Robert Livingston, ist ein solcher Bau. 1820 am Hudson River im Norden des Staates New York errichtet, wurde das idyllisch gelegene Haus von Richard H. Jenrette restauriert. In seinem Besitz befinden sich auch fünf weitere Anwesen von historischer Bedeutung, allesamt typisch für die koloniale Architektur der ersten Staaten Nordamerikas. »Im Sommer halte ich mich hier am liebsten auf. Das Haus erinnert mich an die Atmosphäre der Bayous von Louisiana«, sagt Jenrette, der in North Carolina aufwuchs, wo die großen alten Pflanzerhäuser stehen.

»Edgewater« steht direkt am Ufer des Hudson River und bietet in drei Richtungen Ausblicke auf den Fluß. Es ist – im Gegensatz zu vielen anderen herrschaftlichen Anwesen in der Gegend – an den Stil der Herrenhäuser des amerikanischen Südens angelehnt. Das Haus ist ein prachtvolles Beispiel des amerikanischen Klassizismus, der dem britischen Palladianismus folgte. Die meisten Gebäude dieses Typs haben eine Giebelfassade und stehen auf kleinen Anhöhen mit Blick auf Pflanzungen oder Wildparks. In der Ferne sind oft auch Flüsse oder Bäche zu sehen. Beispiele hierfür sind George Washingtons »Mount Vernon«, die Villa »Gunston Hall« in Lorton, Virginia, oder das »Barker House« in Edenton, North Carolina.

1852 wurde »Edgewater« an Robert Donaldson verkauft, einen Kunstkenner und Finanzier im Ruhestand, der sich auch als Gartenarchitekt hervorgetan hat. Donaldson beauftragte den bekannten Architekten Alexander Jackson Davis mit dem Bau einer achteckigen gotischen Bibliothek an der Westseite des Hauses. Gemeinsam entwarfen Donaldson und Davis raffinierte Rasenterrassen, um die Stützpfeiler der Vorhalle zu kaschieren. Die zum Ufer gewandte Fassade erhielt dadurch das Aussehen eines Tempels mit einem breiten, abfallenden Rasen, der hinaus zu den Bäumen und hinunter an den Fluß führt. Davis hatte eine Vorliebe für die pittoresken Formen des Mittelalters, was den ausgeprägt klassizistischen Gesamteindruck von »Edgewater« nur minimal beeinflußte, aber die ursprünglichen Formen des Gebäudes weicher erscheinen ließ.

Richard H. Jenrette hat das Haus auf ebenso behutsame Weise restauriert. Eine Reihe von Glastüren öffnet die gesamte Front des Hauses zur Vorhalle hin und gewährt einen Blick auf den Fluß. Sechs dorische Säulen mit doppelter Geschoßhöhe stützen die Vorhalle, in der man mit Blick auf den Hudson River speisen kann, der nur einen Steinwurf entfernt liegt. Die achteckige Bibliothek, in die Jenrette sich gern zurückzieht, ist mit exquisiten Mahagonimöbeln ausgestattet. »Hier habe ich verschiedene Blicke auf den Fluß«, sagt der Besitzer. »Auf der einen Seite sieht man die Robinien – sie sind genauso alt wie das Haus – und den Fluß mit den Catskill Mountains im Hintergrund. Zur anderen Seite hat man einen Blick auf den Fluß, der von den dorischen Säulen der Vorhalle gerahmt wird. Er bietet die wunderbare Verbindung von Architektur und Natur, die die palladianischen Architekten früher erzielen wollten.« Dies ist eine schöne Beschreibung des besonderen Charakters der Villa »Edgewater«, die die klassische Grandeur und die idyllische Lage der englischen Herrenhäuser an einem nordamerikanischen Fluß genießen läßt.

Links Das große Fenster mit Blick auf den Hudson River liegt auf der Mittelachse des Eßzimmers. Ein englischer Kristallüster von 1830 beleuchtet den 1825 in New York angefertigten Empiretisch. Die Stühle von Duncan Phyfe stammen aus dem Besitz der Familie von Robert R. Livingston, eines Onkels des ersten Besitzers. Der Aubusson-Teppich ist aus dem späten 18. Jahrhundert.

Links unten 1854 fügte der bekannte Architekt Alexander Davis, ein Freund von Robert Donaldson, dem Haus eine achteckige, einstöckige Bibliothek mit hoher Decke hinzu. Die Möbel von Duncan Phyfe stammen noch aus dem Besitz der Donaldsons. Links hängt das Porträt eines Kindes von Jacob Eichholtz, im Hintergrund blickt man auf den Hudson River. »Hierher komme ich am liebsten, um zu sitzen und zu lesen, wenn es auf der Terrasse zu kühl oder zu feucht geworden ist«, sagt Jenrette.

Gegenüber Im Salon steht ein Mahagonisofa von Duncan Phyfe, dessen Beine aus vergoldeten Messingtatzen bestehen. Zwischen den Glastüren zur Vorhalle hängt ein von einem Adler gekrönter prunkvoller Spiegel; der Tisch darunter stammt aus dem Besitz der Familie Livingston, in deren Auftrag »Edgewater« erbaut wurde.

Gegenüber An einer Seite des Eßzimmers befindet sich ein durch Glastüren vom Wohnraum abgetrennter Erker. Er bildet den Endpunkt einer Achse, die von der achteckigen Bibliothek durch den Salon und das Eßzimmer führt. In der sonnigen Nische steht ein Tisch mit einem Delphinsockel.

Oben Von den Schlafzimmern im oberen Stock bietet sich eine schöne Aussicht auf den Fluß. »Das Wasser macht alles grüner«, sagt Jenrette. »Der Fluß speichert die Wärme, weshalb der Herbst hier erst später anbricht.«

Rechts Das klassizistische Mahagonibett in Richard Jenrettes Schlafzimmer ist mit originalgetreuen Stoffen dekoriert. Mit dem Kauf des Hauses begann der Eigentümer, Möbel im Stil des Klassizismus und des Empire zu sammeln. Mit der Inventarliste aus dem Jahr 1872 von Robert Donaldson gelang es Jenrette, eine Reihe von Möbeln und Gemälden aus der zweiten Hälfte des 19. Jahrhunderts zurückzukaufen.

Ein modernes *Ohana*

Bach und Wasserfall, Hawaii, USA

Von einem künstlichen Erdwall geschützt und in der Purpurfarbe der hawaiischen Lavasteine gestrichen, fügt sich das Haus des Fotografen John C. Russell mit seinem flachen, geneigten Dach harmonisch in die Landschaft des zwei Hektar großen Grundstücks ein.

Es war eine überraschende Entdeckung, die den Fotografen John C. Russell dazu bewog, ein zwei Hektar großes Grundstück auf der Insel Hawaii zu kaufen. »Nachdem wir das Grundstück überquert hatten, kamen wir zum *Ohana*, dem hawaiischen Gästehaus, und ich dachte: Warum sollte hier jemand wohnen wollen? Dann hörten wir plötzlich ein Rauschen, gingen um das Haus herum und siehe da: da sprudelte ein Wasserfall! Diese Entdeckung veränderte für uns alles.« Am Ufer eines Bachs gelegen, der über einen Felsen in den Pazifik fällt, bietet das Haus einen weiten Blick auf die Landschaft und die majestätischen Vulkane in der Ferne, die vom Meer ins Land aufsteigen. Dieser Teil der Insel ist ungewöhnlich trocken. Die wüstenähnliche Landschaft besteht aus alten Lavaflüssen, die von hohen Gräsern und niedrigen Büschen bewachsen sind. Durch die Bresche zwischen zwei großen Vulkangipfeln stürmt der Wind. Der Blick auf den Wasserfall wirkte so überraschend, weil er von einem Abhang verdeckt ist und sein Rauschen von dem des Meeres überlagert wird.

Den Architekten Andy Neumann begeisterte von Anfang an die Weite des Ortes. »Die Landschaft ist so überwältigend schön und eindrucksvoll, daß wir das Haus darin verschwinden lassen wollten, um die Ruhe und Weite nicht zu zerstören«, sagt er. »Wir entwarfen einen großen Erdwall, der den Wind abhalten und das Haus verbergen sollte. Dadurch verschmilzt es mit der Landschaft und ist für jeden Besucher eine überraschende Entdeckung.« Der Entwurf für das Grundstück, das an den Fluß grenzt, wurde unter Berücksichtigung seiner natürlichen Topologie gestaltet. Durch die Verwendung einheimischer Pflanzen gelang es dem Gartenarchitekten David Tamura, die natürliche Atmosphäre zu erhalten. Es war seine Idee, das Haus dunkel zu streichen, damit es wie ein »Schatten« in der Landschaft erscheint und in ihr verschwindet. Das drei Schlafzimmer umfassende Gebäude erstreckt sich entlang des Flusses und ist so angelegt, daß die meisten Zimmer gleichzeitig einen Blick auf den Wasserfall, die Vulkane und das Meer gewähren. Das Haus liegt windgeschützt und öffnet seine Aussicht zur Sonne. Deshalb ist es selbst an windigen Tagen auf der vergitterten Terrasse ruhig.

Das Dach besteht aus einer ebenen, geneigten Fläche. Die Reihe der Kiefernpfosten, die das Flachdach einer Vorhalle tragen, setzt sich im Innern auf vier Ebenen fort und führt zum schönsten Aussichtspunkt direkt über dem Bach, von wo aus man auf den Wasserfall hinunterblicken kann. Die 2,5 x 3 Meter großen Fenster neigen sich nach außen, um den Blick zu betonen. »Wir haben das Überraschungsmoment mit einbezogen«, erklärt Russell. »Vom Hof mit seinen Büschen und Bäumen betritt man am Eingang die erste Ebene, kommt dann zur zweiten mit dem Koch- und Eßbereich und erreicht schließlich das tiefste Niveau im Wohnraum, wo sich die Fenster nach außen neigen, damit man einen Blick auf den Wasserfall hat.« Die Schieferplatten auf der Theke am Kamin greifen die Farben der Umgebung auf. Der Erdwall und die naturfarbenen Materialien der Wände, des Daches und der Fußböden verstärken das Gefühl der Anbindung an die felsige Umgebung.

Die einfachen Baustoffe und die entspannten Formen schaffen eine angenehme Urlaubsatmosphäre. Obgleich die Anlehnung an einen bestimmten Stil bewußt vermieden wurde, lassen die geschälten Kiefernpfosten, das niedrige Dach, die Lamellen der Belüftungsschlitze und die offene Glasfront das Haus wie einen der hawaiischen *Ohana*-Pavillons am Wasser erscheinen.

Links *Ohana* ist das hawaiische Wort für »Familie« und gleichzeitig die Bezeichnung für ein einfaches Gästehaus. Die geschälten Kiefernpfosten, das niedrige Dach und die Harmonie zwischen Innen- und Außenbereich sind charakteristische Elemente, die auch die *Ohanas* der Region kennzeichnen. Die wichtigsten Wohnräume gehen ineinander über; die Reihen von Kiefernpfosten führen über vier gestufte Ebenen hinweg.

Oben »Um das Überraschungsmoment mit einzubeziehen, haben wir den gestuften Weg durch das Haus angelegt«, sagt Russell. Das Anwesen erstreckt sich entlang des Flusses und tritt ein wenig zurück, so daß die meisten Zimmer einen Ausblick auf den Wasserfall und das Meer bieten.

Rechts An der hohen Decke eines Schlafzimmers sind die offenen Querbalken sichtbar, die das Zimmer mit anderen Räumen unter dem durchgängigen Dach verbinden. Die Tagesdecke des Himmelbetts trägt ein orientalisches Muster.

Ein irisches Teehaus

Kilfane Glen und Wasserfall, Kilkenny County, Irland

Das romantische, um 1790 erbaute »Cottage orné« schmiegt sich in eine Schlucht mit Bach und Wasserfall. Von seinen heutigen Besitzern wurde das Haus in der Grafschaft Kilkenny, das zwischenzeitlich verfallen war, nach alten Plänen rekonstruiert.

Der ganze Ort ist so einmalig wie der Wasserfall«, schwärmt Susan Mosse über die Schlucht von Kilfane in der irischen Grafschaft Kilkenny. In ihr liegt das Anwesen der Eheleute Susan und Nicolas Mosse mit Wasserfall und Teehaus aus dem 18. Jahrhundert, das die beiden rekonstruiert haben. »Das Grundstück schmiegt sich in eine kleine Schlucht, die an beiden Seiten von wunderschönen Felsen und gewaltigen, im 18. Jahrhundert gepflanzten Bäumen umschlossen wird. Der lange Pfad, der sich hineinschlängelt, gibt einem das Gefühl, als ginge man in eine andere Welt.«

Der Park von »Kilfane House« wurde von den Erbauern Sir John und Lady Power im letzten Jahrzehnt des 18. Jahrhunderts angelegt. Das Teehaus war das »Cottage orné« der beiden Schöngeister aus dem Süden Irlands, ein malerisches Refugium in günstiger Lage am Rande ihres Anwesens. Sir John Power zweigte das Wasser eines Baches ab und ließ es um das kleine Cottage fließen.

Susan und Nicholas Mosse entdeckten dort die Überreste des Häuschens, die seinen Grundriß noch erkennen ließen. Durch die starke Vegetation war der Wasserfall allerdings schon zugewachsen. Nachdem sie die Originalentwürfe aufgetrieben hatten, machten sie sich mit finanzieller Unterstützung eines EU-Programms an die Rekonstruktion von Cottage, Park und Wasserfall.

Nun führt wieder ein Bach um das Haus herum, der aus dem Becken des Wasserfalls gespeist wird und in den Hauptlauf des größeren Baches zurückführt. Westlich des Wasserfalls liegt eine Grotte, zu der man über eine Steintreppe gelangt, die von der Schlucht den Felshang emporführt. Das Teehaus selbst ist bezaubernd schön. Die Beete entlang der Mauern sind mit Farnen, Akelei und Salbei bepflanzt, vor der Haustür wächst Geißblatt. Im Haus befindet sich ein achteckiger Salon mit einem offenen Kamin, eine kleine Küche, ein Schlafzimmer mit Bad und ein kleines Vestibül mit Blick auf die moosbedeckten Felsen und Baumstümpfe. David Sheehan von Sheehan & Barry half bei der Rekonstruktion, bei der selbst das Kopfsteinpflaster wiederhergestellt wurde. Matt Phelan, ein Spezialist für Reetdächer, importierte Schilfrohr aus Norfolk, da dieses Material in der Gegend nicht mehr erhältlich war.

»Die Erbauer des Hauses im 18. Jahrhundert haben wirklich Gefühl für die Lage und die Umgebung bewiesen«, sagt Susan Mosse. »Seine leicht schräge Stellung zum Wasserfall ist ebenso genial wie die ›Morgen-‹ und die ›Abendterrasse‹, die jeweils unterschiedliche Ausblicke und Geräuschkulissen bieten.«

»In einem solchen Haus in der Wildnis kann man alle Jahreszeiten genießen«, ergänzt Nicholas Mosse. Seine Frau verbringt sogar gerne den Winter dort: »Vielleicht liegt es daran, daß in Irland so selten Schnee fällt – jedenfalls liebe ich es besonders, wenn alles mit Schnee und Eis bedeckt ist und die Singvögel sich am fließenden Wasser versammeln. Es gibt hier auch eine besondere Vogelart, den Taucher. Ein Pärchen baut hier regelmäßig im Frühjahr sein Nest, und zwar in der Höhle hinter dem Wasserfall.« Susan Mosse hat das Gefühl, daß die Abgeschiedenheit und Ruhe des Ortes ihre Achtung vor der Natur haben steigen lassen.

»Das Lustige an Wasserfällen ist, daß sie einfach ständig herabstürzen«, sagt sie. »Der unsere erzeugt ein sanftes Rauschen. Manche Menschen – wie mein Mann – lieben dieses Geräusch, andere – wie leider auch ich – haben Probleme, dabei einzuschlafen. Ich glaube, die frische Luft, die der Wasserfall erzeugt, wirkt berauschend und bringt selbst die erschöpftesten und mißmutigsten Menschen zum Lächeln. Wir nutzen das Teehaus hauptsächlich für Gäste und Partys.«

Gegenüber Im achteckigen Salon befindet sich ein Kamin. Das rustikale Regal darüber enthält Keramik, die Nicholas Mosse in seiner Töpferei selbst entworfen und hergestellt hat. Der irische Sessel stammt aus dem ersten Viertel des 19. Jahrhunderts.

Rechts Fenster und Türen mit rautenförmigen Butzenscheiben und weißen Baumwollvorhängen bilden drei der acht Wände des Salons und gewähren einen Blick auf den Wasserfall. Zwei Stühle aus dem 19. Jahrhundert stehen an einem runden, für die Teestunde gedeckten Tisch. Der Architekturhistoriker Jeremy Williams, der die alten Skizzen der Gartenanlage entdeckte, und David Sheehan von Sheehan & Barry halfen bei der Rekonstruktion des Häuschens.

Unten Aus Zweigen gefertigte Möbel stehen auf einer kleinen rückwärtigen Terrasse. Pat Butler hat sie aus Baumausschnitt gemacht. Der kleine Vorhof liegt unterhalb eines moosbedeckten Abhangs.

Pavillons aus Palmen

Wasserfälle des Rio Capibaribe, Viçosa, Brasilien

Aus einheimischen Palmen und Steinen erbaut, steht das Haus des Architekten Gerson Castelo Branco in einem Naturschutzgebiet in der brasilianischen Provinz Ceará. Alle Zimmer des Hauses öffnen sich dem Wald und hallen wider vom Rauschen der sieben Wasserfälle.

Dies ist meine *Paraqueira Brasileira*, mein Paradies«, sagt der Architekt Gerson Castelo Branco über seinen Wohnsitz nahe Viçosa im Dschungel der brasilianischen Provinz Ceará, den er das ganze Jahr über bewohnt. Der Rio Capibaribe fließt durch das 32 Hektar große Grundstück, wo er über nicht weniger als sieben Wasserfälle führt. »Der Fluß und der Wald sind der Lebensraum ganz vieler seltener Vogel- und Tierarten«, sagt Branco. »Mein Grundstück ist ein Naturschutzgebiet, und weil ich keinerlei Jagd erlaube, kommen viele Tiere hierher, weil sie sich hier sicher fühlen.«

Brancos Haus, das sich auf 600 Metern Höhe auf dem Plateau der Sierra von Ibiapaba befindet, steht nicht nur im Einklang mit der Tierwelt, sondern auch mit den natürlichen Elementen. »Ich habe das Haus an den höchsten Punkt des Geländes plaziert, damit man den ersten Wasserfall sehen kann«, sagt der Architekt. »Allerdings habe ich wegen der extremen Feuchtigkeit und des lauten Rauschens während der Regenzeit etwas Abstand zum Wasserfall gehalten. Das Geräusch des Wassers ist im Haus zwar immer gegenwärtig, aber nur sehr leise.«

Branco baute das Haus aus einheimischen Materialien: Die Pfeiler bestehen aus den Stämmen von Carnauba-Palmen, die Wandpaneele mit Fischgrätmuster aus Palmstengeln. Schlanke, aneinandergereihte Holzstäbe dienen als Decken- und Wandverkleidung. Die Böden sind aus Schiefer oder aus rohen Dielen mit Strohmatten. Das Anwesen ist ein Ensemble aus zwei Gebäuden, einem dreistöckigen Hauptbau mit einem vorspringenden dreieckigen Dach und einem kleineren, zweistöckigen Bau, der einige Stufen höher liegt als das Erdgeschoß des Haupthauses. Dazwischen liegt eine überdachte Terrasse, auf der Branco frühstückt und zu Mittag ißt, um in Gesellschaft der Tiere zu sein. Wohn-, Schlaf- und Gästezimmer sind im Haupthaus untergebracht, der andere Bau enthält Eßzimmer, Küche, Arbeitszimmer und die Räume für das Personal.

Der luftige, zwei Geschosse hohe Innenraum des Haupthauses enthält im Erd- und Obergeschoß verschiedene Wohnbereiche mit Hängematten und Ruhebetten. Eine zentrale Treppe führt in den Schlafbereich des ersten Stocks mit den *Camarinhas*, drapierten, vierpfostigen Kammern, die an Wüstenzelte erinnern. Auch Brancos eigenes Schlafzimmer liegt im ersten Stock. Es ist ein geräumiger, offener Bereich mit einem großen Aussichtsbalkon, auf dem der Architekt dem Rauschen des Wasserfalls lauschen kann.

»Von hier und durch alle anderen Fenster und Türen des Hauses kann man den Wald und den ersten Wasserfall sehen«, sagt er. »Das Haus ist zum Fluß hin völlig transparent.« Brancos Haus ist optimal an seinen Standort angepaßt und berücksichtigt das regionale Klima und ökologische Gesichtspunkte.

»Ich will mit meinen Häusern zeigen, daß es möglich ist, auf ausgefallene Weise zu leben«, sagt der Architekt. Während die brasilianischen Modernisten Roberto Burle-Marx und Oscar Niemeyer scharfkantige, geometrische Bauten aus Beton und Stahl entwarfen, favorisiert Branco Häuser im einheimischen Stil aus Palmholz und Steinen, also den Materialien, die es vor Ort gibt.

»Dies ist kein Wochenendhaus, es ist mein Zuhause«, sagt Branco. Er hat zwar ein Büro in Fortaleza, der Hauptstadt von Ceará, doch er arbeitet oft auch hier. »Häufig bleibe ich über längere Zeit hier, natürlich nur, wenn meine Aufträge das zulassen. Brasilien ist groß, und meine Arbeit führt mich in viele Gegenden, aber ich bin überglücklich, wenn ich in mein Paradies am Wasserfall zurückkehren kann.«

Oben Farbenprächtige einheimische Stoffe sind um die *Camarinhas* drapiert, vierpfostige Schlafkammern im Obergeschoß.

Rechts Brancos Haus steht auf einem der höchsten Punkte des Plateaus der Sierra von Ibiapaba. »Wegen der extremen Feuchtigkeit und des lauten Rauschens während der Regenzeit habe ich etwas Abstand zum Wasserfall gehalten«, sagt der Architekt.

Gegenüber, oben Der Alkoven im Wohnraum des ersten Stocks dient als Fernsehzimmer. Mit seiner Hängematte, der Aussicht auf Palmen und Baumwipfel wirkt er wie ein Baumhaus.

Gegenüber, unten links In einer Ecke der Küche steht eine Kredenz, auf der zwischen Körben und allerlei Kunsthandwerk persönliche Erinnerungsstücke liegen. In die Wandverkleidung aus Palmstengeln sind kleine Regale eingebaut.

Gegenüber, unten rechts Hoch oben im zweiten Pavillon, wo das beruhigende Rauschen des Wasserfalls beständig, aber nur leise zu hören ist, befindet sich das Arbeitszimmer. Der Schreibtisch ist bedeckt mit Büchern, kleinen Skulpturen und geologischen Funden.

Sante
Scaldaferri

Links Genau in das Zentrum des Haupthauses, auf den Pfosten des Treppenabsatzes, ist ein Kristall plaziert. Das vorspringende dreieckige Dach schafft einen zwei Geschosse hohen Raum. Eine große Doppeltür führt zu zwei Terrassen, und alle Böden sind aus Holzdielen.

Gegenüber, oben links
Palmstengel und -blätter sind das Material für plastische und dekorative Objekte im Haus. In der Suite des Hausherrn umgeben Wände und Türen aus Palmstengeln einen eingebauten Tisch und Regale mit Körben.

Gegenüber, oben rechts
Unter dem dreieckigen Dach des zweistöckigen Nebenhauses befinden sich das Arbeitszimmer, die Küche und die Räume für das Personal. Steinmauern und ein Rahmen aus Palmstämmen lassen eine schattige Veranda unter der Terrasse entstehen.

Gegenüber, unten links
Unter dem spitzwinkligen Dach über dem Haupthaus befindet sich eine breite Blende aus Palmstengeln, die das Schlafzimmer im oberen Stock beschattet. Vor dem Wohnraum im Erdgeschoß ist eine Terrasse mit Holzgeländer zum Wald und dem Rauschen des nahen Wasserfalls hin ausgerichtet.

Gegenüber, unten rechts
Innen- und Außenbereich gehen ineinander über. Das zentrale Treppenhaus macht die transparente Konstruktion des Hauses deutlich; durch das Treppenhaus hindurch sieht man eine andere Treppe, die nach draußen führt.

Casa Akle

See, Felsen und Berge, Valle de Bravo, Mexiko

Der Architekt Ricardo Legorreta hat den Entwurf der »Casa Akle« so gestaltet, daß sie einen Ausblick auf den malerischen See gewährt. Die abfallenden Dächer und senffarbenen Mauern passen sich den Felsen und der Landschaft des Valle de Bravo an.

Ricardo Legorreta hat viele Gebäude am Meer entworfen. Besonders bekannt geworden ist er durch seine Entwürfe von Häusern mit künstlichen Wasserbecken, darunter zwei Hotels der Kette Camino Real, die in Ixtapa und Cancun liegen und terrassenförmig zum Golf von Mexiko hin absteigen. »Die Grundelemente der mexikanischen Architektur, auf die ich mich in meiner Arbeit beziehe, sind Mauern, Wasser und Erdfarben«, sagt der Architekt, der Büros in Mexico City und Los Angeles betreibt.

Mexiko ist bekannt für seine schönen Küstenregionen. Als Legorreta Mitte der 90er Jahre den Auftrag erhielt, ein Haus am Ufer eines Sees zu entwerfen, empfand er dies als ungewöhnliche Herausforderung und als Gelegenheit, eine neue Erfahrung des Wohnens am Wasser zu vermitteln. »Das Haus steht in einer bewaldeten Gegend am See des Valle de Bravo. Von dem sehr steil abfallenden Grundstück hat man eine phantastische Aussicht auf den See und auf einen hohen Felsen hinter dem Haus«, beschreibt Legorreta die Lage des Hauses in einem aus der Kolonialzeit stammenden Urlaubsort zwei Stunden südwestlich von Mexico City.

»Das Haus ist so entworfen, daß es sich den verschiedenen Ebenen des Grundstücks anpaßt und deshalb auf Großformen verzichtet«, sagt der Architekt. »Die regionale Architektur hat uns zu den stark abfallenden Dächern inspiriert, die auch dem regnerischen Klima hier am See am besten standhalten.« Die ebenfalls meist aus der Gegend stammenden Baustoffe wurden im Hinblick auf ihre Pflegeleichtigkeit ausgewählt. So bestehen die Böden aus lokalem Gestein oder Beton und die Türen aus Fiberglas. Dazu kommt eine widerstandsfähige Farbe auf Oxidbasis. Der Senfton der Außenmauern, das Rot der Ziegeldächer und die Terrakottafliesen der Terrasse beziehen sich farblich auf die Felsen im Valle de Bravo.

Das Haus wirkt absichtlich klein, hat aber die perfekte Größe für die Eheleute, die es bewohnen. »Bei der Gestaltung des Interieurs ging es uns darum, einen Eindruck von Kargheit und Leere zu erwecken, und eher die Räume selbst als die dekorativen Elemente zu betonen«, sagt Legorreta. An auffälligen Stellen wurden Kunstgegenstände plaziert, so daß trotz des informellen Stils ein sehr eleganter Eindruck entsteht. Die hohen Innenräume werden durch die Form der schrägen Dächer akzentuiert und sind sehr einfach möbliert, während die eingebauten Schränke aus Naturholz mit ihrem geometrischen Gittermuster eine dekorative Wirkung schaffen. Der Wohnbereich wird vom polierten Holz der Böden und Balken beherrscht. Über einer leuchtendrot gestrichenen Nische in der Wand befindet sich ein gitterförmiges Fenster, das mildes Licht in den Raum fallen läßt.

Das Schlafzimmer strahlt trotz seiner klaren Linien Gemütlichkeit aus. Unterhalb der quadratischen Fensterelemente verläuft eine eingebaute Sitzbank, von der aus sich ein weiter Blick über den See und die fernen Berge bietet. Die beste Aussicht auf den See hat man allerdings von der Terrasse unterhalb des schrägen Daches, das dem Felshang folgend zum Wasser hin abfällt.

Die in die Mauern um die Terrasse geschnittenen Fenster rahmen verschiedene Blicke. Die Kombination von Betonstützen, Terrakotta- und Steinfliesen, schrägen Wänden, gitterförmigen Fenstern und hölzernen Stützpfeilern lassen die Terrasse zugleich modern und traditionell erscheinen. Die Aussicht auf das tiefblaue, stille Wasser und die unbewohnten Berge hingegen erinnert ganz und gar an die alten Zeiten.

Gegenüber, oben links
Im Inneren werden weniger die dekorativen Details als vielmehr der Raum betont: »Es ging uns darum, einen kargen, fast leeren Eindruck zu erwecken, der ungezwungen und leger wirkt.« Der hohe Wohnbereich ist mit Holzbalken, einem offenen Eckkamin, einer rot gestrichenen Nische und einem gitterförmigen Atelierfenster ausgestattet.

Gegenüber, oben rechts
Das in den Wohnbereich übergehende Eßzimmer ist mit einem länglichen Tisch und leuchtend-violett lackierten Stühlen mit Rohrgeflecht möbliert. Die Einbauregale aus unbehandeltem Holz haben Türen mit Gittermuster.

Gegenüber, unten links
Durch die niedrigen, quadratischen Fensterelemente des Schlafzimmers fällt der Blick auf den See des Valle de Bravo und die Berge dahinter. Der einfach möblierte Raum wird durch einen purpurroten Teppich und die schräge Balkendecke auffällig akzentuiert.

Gegenüber, unten rechts
Eine steile Treppe mit einer Trennwand aus Stäben ist das bestimmende Element des mit drei Betten ausgestatteten Gästezimmers.

Rechts Die schroffe Silhouette des roten Felshangs schiebt sich neben die weiche Senffarbe des Hauses. Wie ein Felsabsatz endet der abgestufte Hauskomplex auf der untersten Ebene mit einer großen Terrasse. Sessel aus Weidenholz und Schweinsleder stehen vor dem Kamin des überdachten offenen Wohnraums.

Holz am Wasser

Fast überall verfügbar, biegsam, widerstandsfähig und leicht zu beizen, ist Holz seit Jahrtausenden ein wichtiger Baustoff. Da an Gewässern immer viele Bäume wachsen, nutzt man für die dort gebauten Häuser gern die speziellen Eigenschaften des Holzes. Die Art der Verwendung des Holzes läßt gelegentlich den Einfluß der lokalen Schiffbau-tradition erkennen.

Holz ist auch der Grundstoff zahlloser moderner Gebäude, bei denen es zur Verkleidung, als konstruktiver Rahmen oder für dekorative Zwecke verwendet wird. Ein bemerkenswertes Beispiel dafür ist der »Schindelstil«, einer der ersten ureigenen Baustile Nordamerikas. Die Natürlichkeit der edel verwitterten Schindelfassaden hat moderne Architekten dazu inspiriert, interessante und bisweilen überraschende Varianten zu entwickeln. Auch anderswo haben die natürlichen Variationen der Form und der Struktur von Holz Eingang in die architektonische Formenwelt gefunden. Dies schlägt sich nieder in Bögen, Gittermustern und Modulen, die die enge Beziehung des Holzes mit den Gewässern der Erde verdeutlichen.

Inselparadiese

Auf die Menschen üben Inseln eine magische Anziehungskraft aus, denn sie lassen eine eigene Welt im scheinbar unendlichen Ozean entstehen. Aufgrund ihrer Abgeschiedenheit können sie eine Flora und Fauna hervorbringen, die sich – wie etwa auf den Galápagosinseln und auf Madagaskar – vollständig von jener der benachbarten Kontinente unterscheidet. So sind Inseln zwar phantastische Urlaubsziele, doch wer dort ein Haus baut, muß das Abenteuer, die Unabhängigkeit und die Isolation lieben. Dies tat zum Beispiel Marlon Brando, der viele Jahre auf seiner privaten tahitianischen Insel verbracht hat.

Eines der auffälligsten geologischen Phänomene im Meer sind lange, bogenförmige Inselketten. Auf der Erde gibt es 22 solcher Inselketten, die durch die Bewegung der großen Kontinentalplatten entstanden sind. Auch der Vulkanismus hat Inselketten hervorgebracht, wie etwa die von Hawaii. Die meisten derartigen Vulkane befinden sich auf dem »Feuerring« um den Pazifischen Ozean, der sich in den Atlantik fortsetzt. Ein Bogen umschließt die Karibik, während der andere das Südantillenmeer umfaßt. Viele bewohnbare Inseln sind allerdings kein Teil eines derartigen Bogens, sondern Erhebungen in Seen und Flüssen oder Ableger der Kontinente. Ihre Größe reicht von der winzigen Ile de la Cité im Herzen von Paris bis zur kontinentalen Masse Australiens, ihr Charakter von der Stille der unbewohnten Eilande des Pazifiks bis zum Trubel Manhattans.

Seit jeher waren Inseln der ideale Standort für Häuser und Paläste, woran sich bis heute nichts geändert hat. Beispiele hierfür sind die von Säulen getragene Villa des römischen Kaisers Hadrian, die gleichermaßen ein Refugium und eine Stätte der Vergnügung war, der Mont-Saint-Michel, der als Zufluchtsort diente, und das Lustschloß auf der im Lago Maggiore gelegenen Isola Bella aus dem 17. Jahrhundert mit seinen französischen Gärten und einem Barocktheater.

In den Kulturen Asiens finden sich auf Inseln oft Schreine oder Tempel, da ihre Isolation auch Raum für spirituelle Gedanken und Tätigkeiten bietet. In China und Japan hat man in Seen und Teichen oft künstliche Inseln angelegt, um darauf Pavillons zu bauen. Der balinesische Tempel Tanah Lot erhebt sich eindrucksvoll über einem kleinen, aus einem einzigen Felsen bestehenden Eiland, von dem eine niedrige, meist von Salzwasserprielen übersäte Sandbank zu einer größeren Insel führt.

Gelegentlich hat man die Abgeschiedenheit von Inseln auch als zusätzlichen Aspekt der Bestrafung genutzt, wie etwa die Verbannung Napoleons nach St. Helena oder die Lage des Gefängnisses von Alcatraz zeigen. Ansonsten ist die enge Beziehung zum Wasser eine der Freuden des Insellebens. Diese Beziehung zu gestalten, ist die wichtigste Aufgabe beim Bau von Häusern auf Inseln – von dort hat man oft einen ungehinderten Blick in die Runde und viele andere Möglichkeiten, die Nähe des Wassers zu erfahren.

Sizilianische Bögen

Golf von Solanto, Sizilien, Italien

Rauher Tuffstein und klassizistische Details, die auf die antiken Monumente der Insel anspielen, vereinen sich in dieser vielgeschossigen Villa, die Antonio d'Andrea an der zerklüfteten Küste bei Palermo entworfen hat.

Eine üppige Vegetation umgibt dieses Haus an einer der schönsten Küsten Siziliens, dem Golf von Solanto. Von der Terrasse aus bietet sich ein faszinierender Blick auf das Meer. »Bei der Planung des Hauses haben wir darauf geachtet, daß es nicht wie ein Neubau, sondern wie die Rekonstruktion eines alten Hauses aussieht und daß es wie die historischen Bauten der Gegend mit der Natur verschmilzt«, sagt Antonio d'Andrea, der das Haus zusammen mit seinem Partner Ignacio Mallol entworfen hat.

Die Gegend wenige Kilometer östlich von Palermo ist reich an antiken Bauten. In der nahen Stadt Punich führen gepflasterte Straßen zu hellenistischen und römischen Häusern mit Fresken. »Wie die antiken Häuser der Region ist auch dieses kein isolierter Block, sondern hat den Charakter eines kleinen Dorfes«, erklärt d'Andrea. »Das Hauptgebäude ist durch Bogengänge mit den einzelnen Nebengebäuden und mit der Steintreppe in den Garten verbunden. Wir haben regionale Baustoffe verwendet, besonders den goldgelben Tuffstein aus dem 17. Jahrhundert. Diesen hat ein Restaurator beim Bau der Außenmauern von Hand bearbeitet. Für das Innere wurde ein enkaustisches Material verwendet, das den Eindruck erweckt, als seien die Wände aus altem, von Zeit, Wetter und Meeresluft gegerbtem Stein.«

Im Obergeschoß des Hauses befindet sich der zentrale Salon. Drei mit Voluten gekrönte Bögen bilden eine große Vorhalle, die das Haus mit einer Terrasse über dem Meer verbindet. In diesem Belvedere mit Tisch und Stühlen kann man über dem Wasser essen und sich entspannen, geschützt von einer großen, beim Bau verschonten Pinie, die wie ein Schirm ihre Äste ausbreitet. Am Abend ist die Terrasse von Bronzelaternen erleuchtet.

Im Innern des Hauses entfaltet sich eine nostalgische Atmosphäre. Zur Ausstattung gehören bemalte sizilianische Möbel aus dem 17. Jahrhundert, darunter ein Holztisch in Form eines Bücherstapels, sowie sizilianische Keramik aus dem 16. und 20. Jahrhundert. Neben den Farben der Tuffsteinmauern und des Terrakottabodens dominieren im Innern an Korallen und tropische Früchte erinnernde Farbtöne. »Die Balken aus Walnußholz verleihen den hohen Decken eine gewisse Leichtigkeit und stellen eine Verbindung zu den Bäumen draußen her«, sagt d'Andrea. »Ein weiterer Versuch, das Innen als Außen erscheinen zu lassen, ist das große Bogenfenster im Schlafzimmer, das auf den Pool hinausgeht.« In der unregelmäßigen Form des mit Tuffstein umrahmten Pools spiegeln sich die Umrisse der Bucht wider. Vom Haus aus erscheint der Pool nur einen Schritt vom Meer entfernt, aus einer anderen Perspektive scheint er förmlich mit dem Meer zu verschmelzen.

»Wegen des milden Klimas kann man das ganze Jahr über hier wohnen«, sagt d'Andrea. »Das Wasser ist klar, ohne starke Strömungen und so warm, daß man immer gut schwimmen kann. Der Duft der Zitronen- und Mandarinenblüten wirkt berauschend. Man spürt die Ruhe und fühlt sich wohl. Der Ort wirkt so alt und zeitlos, daß man sich einbilden kann, Odysseus auf dem Wasser des Golfs von Solanto vorübersegeln zu sehen.«

Gegenüber, oben Von der Hauptterrasse schweift der Blick über den Golf von Solanto und die Hügellandschaft Siziliens. Ein sizilianischer Brunnen aus dem 17. Jahrhundert ist mit Seerosen bepflanzt, das Pflaster ist in der Form von Sonnenstrahlen gelegt.

Gegenüber, unten links In einer Ecke der Terrasse erhebt sich ein Zeltdach über einem Eßtisch mit Steinsockel. Stuhlpolster und Zeltbahnen haben ein schlichtes Streifenmuster. Am Abend erleuchten Bronzelaternen die Terrasse.

Gegenüber, unten rechts Bei der Gestaltung des Interieurs hat d'Andrea mit dem Innenarchitekten Leonardo Tognoni zusammengearbeitet. Sie schufen eine typisch sizilianische Mischung aus rustikalen und dekorativen Elementen.

Oben Von der gegiebelten Holzdecke des Wohnzimmers hängt eine alte sizilianische Holzskulptur. Das geräumige Zimmer ist mit großen Plüschsofas, gerafften Vorhängen und einer Vielfalt verschiedener Polster- und Teppichmuster ausgestattet.

Links Hohe Korbsessel flankieren den Zugang zum Haus, der unter der zum Meer gewandten Vorhalle mit ihren grottenähnlichen, niedrigen Bögen liegt. Man blickt durch den mit Tuffstein verkleideten Eingang direkt auf den Kamin des Wohnzimmers, der eine archaische, sizilianische Rundform aufweist.

Oben Ein gewölbter Durchgang mit einem Marmorkapitell führt in eines der Schlafzimmer mit Blick auf das Meer. »Der große Fensterbogen und die Terrakottafliesen lassen das Schlafzimmer als einen Teil der Terrasse erscheinen«, erklärt d'Andrea.

Camp Fiddlehead

Penobscot Bay, Vinalhaven Island, Maine, USA

Auf ihrer drei Hektar großen Privatinsel haben Susan Rodriguez und Charles Lowrey ein Haus gebaut, dessen Sheddach über einer Anhöhe aufragt. Kommt Nebel auf, bildet das Tuten der Nebelhörner den einzigen Kontakt mit der Außenwelt.

Vinalhaven, eine Insel in der Penobscot Bay zwölf Meilen vor der Küste von Maine, ist bedeckt mit Hemlocktannen und Fichten. In den Hinterhöfen der Häuser stapeln sich die Hummerkörbe. Die Architektin Susan Rodriguez und ihr Gatte Charles Lowrey hatten seit 1981 den Sommer auf der entlegenen Insel verbracht und sich in ein drei Hektar großes angrenzendes Eiland mit Namen Fiddlehead verliebt. Nachdem es ihnen gelungen war, die Eigentümer zum Verkauf zu überreden, bauten sie dort ein Holzhaus auf einer Anhöhe, um die schöne Aussicht zu nutzen. Terrassen und große Fenster gewähren einen Blick auf den Sonnenuntergang und eine Meerenge, in der sich malerische Booten tummeln.

»Das Anwesen besteht aus zwei einfachen scheunenartigen Bauten mit Sheddachern, die durch eine erhöhte Terrasse und einen Gang miteinander verbunden sind«, erklärt Rodriguez, die als leitende Architektin des New Yorker Architekturbüros James Stewart Polshek & Partners nur selten so kleine Gebäude entwirft. »Von dem größeren Haus aus blickt man auf das Wasser, von dem kleineren auf den Wald. Durch die natürliche Verwitterung des Holzes werden sich die Häuser im Laufe der Zeit farblich immer stärker der Umgebung angleichen.« Rodriguez hat einheimische Materialien und traditionelle Formen verwendet und ist ihrem Gefühl für die natürliche Umgebung gefolgt. Die Holzständerbauten aus Hemlocktannenholz sind mit Zedernschindeln verkleidet; die Terrasse dazwischen ist aus laminierter Fichte. Asphaltplatten bedecken die steilen Sheddächer. Alle Baustoffe mußten bei Flut auf die Insel transportiert werden. Mit den großen Scheunentoren aus Fichtenholz kann das Haus bei stürmischem Wetter vollständig geschlossen werden. Die Tore gleiten auf Schienen und werden kreuzweise von Zugseilen stabilisiert, die aus der örtlichen Bootswerft stammen. Kleinere Holzläden verschließen die anderen Fenster. Die keilförmige Terrasse zwischen den Gebäuden ist ein gemütlicher Platz mit Liegestühlen, auf denen man die Mittagssonne genießen kann. Westlich der Terrasse führen Stufen zu einem Abhang und in den Wald hinunter.

»Zwischen das Schrägdach und die Hauswand des Hauptgebäudes habe ich eine durchgängiges Oberlichterband gesetzt, das eine lichtdurchlässige Lücke zwischen Dach und Wand schafft, womit eine ungewöhnliche visuelle Verbindung von Innen und Außen erzielt wird«, sagt Rodriguez. Das Hauptgebäude enthält den Wohn- und Eßbereich und die auf zwei Ebenen verteilten Schlafzimmer. Am späten Nachmittag fällt goldenes Licht in den Wohnraum und läßt Schatten auf der schrägen Holzdecke tanzen. Die Wandverkleidung zwischen den Oberlichtern und den großen Fenstern ist aus laminierter Goldkiefer; durch die Fenster fällt der Blick auf die Terrasse und die Meerenge. Das kleinere Gebäude dient als Gästehaus und für verschiedene Aktivitäten. Auch hier ist die Verkleidung zwischen den Pfosten und Trägern des offenen Ständerbaus aus laminiertem Holz. Die Dekoration der Räume erinnert an ein sommerliches Feriencamp.

Das Inselhaus ist vollkommen autark: eine Quelle und der vom Dach aufgefangene Regen liefern Wasser, die Wasserpumpe wird von einem kleinen Generator betrieben, Herd und Lampen funktionieren mit Propangas und geheizt wird mit Holz. »Manchmal hängen wir wegen des Wetters hier fest«, erzählt Rodriguez, »aber das gehört zu den Freuden des Insellebens.«

Gegenüber, oben links
Als Reminiszenz an frühere Zeiten bietet ein Schaukelstuhl aus Eichenholz einen warmen und bequemen Sitzplatz neben dem bauchigen Ofen im Wohnzimmer. »Die Gestaltung des Hauses ist von den einfachen Nutzbauten inspiriert, die früher hier standen – eine Fischerhütte und ein Schuppen«, sagt die Architektin Susan Rodriguez.

Gegenüber, oben rechts
Für das Hauptgebäude mit Wohnbereich und Küche wurden einheimische Baumethoden angewandt und Naturmaterialien verwendet. Die Wände sind mit laminiertem Holz der Goldkiefer verkleidet; durch die großen Fenster fällt der Blick über eine Terrasse auf eine viel befahrene Meerenge.

Gegenüber, unten links
Durch die schräge, offene Dachkonstruktion werden im Hauptgebäude eindrucksvolle optische Effekte erzielt. Am späten Nachmittag fallen Sonnenstrahlen durch die Oberlichter und tanzen an der schrägen Decke.

Gegenüber, unten rechts
Auch das Gästehaus mit seiner klassischen Pfosten-und-Balkon Konstruktion hat ein Pultdach. Als Dekoration dienen Gegenstände, die an ein Sommerlager erinnern: vier Ruder und eine grobe, gestreifte Wolldecke.

Rechts Das Haus steht auf der moosigen Nordseite der Insel. »Man entwickelt ein Bewußtsein dafür, daß sich auf jeder Seite der kleinen Insel unterschiedliche Ökosysteme befinden«, sagt Rodriguez. »Die Südseite ist windig, offen und grasbedeckt, die Nordseite hingegen sehr grün mit Moos auf den Felsen und zwischen den Fichten und Tannen.«

Refugium auf Phuket

Andamenensee, Phuket, Thailand

Auf der obersten Ebene des Anwesens von Edward Tuttle auf der Insel Phuket befinden sich ein thailändischer Pavillon und ein Pool. Einen ähnlichen Pavillon hatte Tuttle zehn Jahre zuvor für das nahe gelegene Luxushotel Amanpuri entworfen.

Das Leben in der Natur, umgeben von Wasser und Gärten, verdirbt einen geradezu«, sagt der in Paris arbeitende amerikanische Architekt Edward Tuttle, der soviel Zeit wie möglich in seinem Haus auf der Insel Phuket verbringt. »Der Lebensstil des Landes ist ebenso subtil wie vielfältig – genau wie die Thailänder selbst mit all ihren Eigenarten und ihrer Freundlichkeit.«

Obwohl Tuttle auch in anderen Teilen Asiens – besonders in Hongkong, Singapur und auf Bali – gearbeitet hat, wurde sein architektonisches Werk vor allem durch das heutige Thailand geprägt. Es bedient sich einer klaren Geometrie, die Respekt vor regionalen Formen zeigt und weitgehend ortstypische Baustoffe verwendet. Tuttle kehrte so zu den bewährten Techniken der einheimischen Architektur zurück. Aufgrund ihres Standorts inmitten der tropischen Vegetation haben seine Projekte ebensoviel mit Landschaftsgestaltung wie mit Architektur zu tun. Oft entwirft Tuttle auch noch die Möbel selber. Nachdem er das Amanpuri Hotel auf Phuket vollendet hatte, begann er mit dem Bau seines eigenen Hauses auf der zum Hotel gehörigen Halbinsel, einem der schönsten Orte von Phuket. Das Gebäude klammert sich zwanzig Meter über dem Wasser an einen Felsen. »Da das Haus auf dem Felsen hockt, ist das Wasser, das das Gebäude nach allen Seiten umgibt, mein Leitmotiv«, sagt Tuttle.

Wegen seiner Strandnähe besteht das Anwesen aus einer Gruppe tropischer Pavillons. »Der Entwurf basiert auf der Tempelarchitektur der Ayudthya-Periode, die vom 15. bis ins 18. Jahrhundert reicht. Es ist der schönste thailändische Baustil«, erklärt Tuttle. »Die Pavillons stehen auf der obersten, 15 Meter breiten und 75 Meter langen Felsplatte, in die auch der Pool eingelassen ist. Von oben führen Treppen zu weiteren Ebenen, die auf Pfeilern stehen«, erklärt Tuttle weiter. Die landestypische Terrasse endet auf der dritten Ebene und hat dieselbe Größe wie die oberste Felsplatte. Die Pavillons sind Orte der Ruhe; sie bilden eine strukturelle Einheit und haben dennoch unterschiedliche Funktionen, sie sind abgeschieden und doch offen. Unter den strohgedeckten, von Holzpfosten gestützten Dächern befinden sich Schlafzimmer, offene Salons und Speiseräume.

»Wir leben mit dem ständigen Bewußtsein, vom Wasser und vom Garten umgeben zu sein«, sagt Tuttle. »Unser Haus steht an der schmalsten Stelle der Halbinsel, so daß wir nach beiden Seiten einen Blick auf das Wasser haben. Da es sich um ein Ensemble aus Gebäuden und Gärten handelt, erhält man erst dann einen Eindruck vom Ganzen, wenn man es mit eigenen Augen gesehen hat. Die Weite des Meerblicks in Kombination mit der üppigen Vegetation der Gärten ist wirklich beispiellos.«

Links Eine Treppe führt von der obersten Ebene des Anwesens zu einem dekorativen Aussichtspavillon auf schlanken Säulen.

Gegenüber, oben Der Pavillon, der als Salon dient, ist rundum von Glastüren umgeben, die geöffnet oder an kühlen Abenden geschlossen werden können. Stufenartig eingebaute Sitzbänke umgeben den Raum. Edward Tuttle hat einheimische Hölzer verwendet und sich geometrischer Formen bedient, die an regionale Traditionen anknüpfen und trotzdem modern wirken.

Gegenüber, unten Der mit Steinfliesen gepflasterte Eßbereich wird zu einem gemütlichen Gartenzimmer. Holzpfeiler stützen ein luftiges Dach.

THAI AND CAMBODIAN SCULPTURE
THAILAND THE BEAUTIFUL COOKBOOK

Links Tuttle arbeitet seit 30 Jahren in Südostasien und hat in Thailand stilbildend gewirkt. Sein Schlafzimmer demonstriert die einfache Geometrie und die Anbindung an die Natur, die typisch für ihn sind. Als Grundform des Raumes dient das Quadrat; die Öffnungen zum Garten liegen im rechten Winkel zueinander. Die Skulpturen stammen aus der Ayudthya-Periode.

Ganz oben Eines der luftigen Gästezimmer ist mit Einbauschränken ausgestattet. Die modernen Rohrsessel, die im ganzen Haus zu finden sind, hat Tuttle selbst entworfen.

Oben Durch die Türen von Tuttles Schlafzimmer fällt der Blick auf Terrassen, tropische Gärten und den Golf. Das Haus nutzt die Vorzüge seines Standorts auf der schmalsten Stelle der Halbinsel, von der aus man zu beiden Seiten eine weite Aussicht auf das Meer hat.

Ein sardisches Paradies

Straße von Bonifacio, Sardinien, Italien

An diesem paradiesischen Ort auf der Insel Sardinien schweift der Blick über eine ruhige Bucht und eine Gruppe winziger Inseln. Der Architekt Alberto Ponis hat hier auf einer Felskuppe ein Haus gebaut, das fast vollständig mit seiner Umgebung verschmilzt.

Das Leitmotiv meines Entwurfs war eine enge Einbindung in die phantastische, unberührte Natur hier vor Ort. Die Zwänge, die aus einem derartigen Plan resultieren, sind eine beständige Quelle der Inspiration«, sagt Alberto Ponis, der das Gebäude entworfen hat. »Das Haus steht auf der Punta Sardegna nahe der Kleinstadt Palau und gegenüber der kleinen Inselgruppe La Maddalena. Hier im Norden ist Sardinien von Korsika nur durch die Straße von Bonifacio getrennt, eine der windigsten und engsten Stellen im Mittelmeer. Trotz des starken, von Westen kommenden Mistrals ist die Ostküste der Punta Sardegna geschützt, so daß das Wasser vor dem Haus ruhig ist.«

Ganz gleich, ob man es vom Land oder vom Meer aus betrachtet – das Haus ist kaum von seiner Umgebung zu unterscheiden. Es schmiegt sich so eng an eine Felskuppe, daß auch sein Volumen dem der Granitmasse folgt. Die Außenwände sind auf traditionelle Weise mit der Kelle verputzt; ihr warmes Beige spiegelt die Farbe der Felsen wider. Der fächerförmige Grundriß sorgt dafür, daß jeder Raum einen schönen Ausblick hat und man durch die sensibel angeordneten Fenster das Meer mit den winzigen Inseln von La Maddalena sehen kann.

So naturverbunden der Entwurf wirken mag, ist er gleichzeitig sehr modern – die Mauern bestehen aus vorfabrizierten Betonplatten; offenliegende, fächerförmig angeordnete Balken tragen das Dach. Auch die Dachziegel passen sich der Gesamtform an. Die Küche ist der einzige Raum mit einem Flachdach, das als Terrasse dient und über eine Außentreppe erreichbar ist.

Den Garten hat man in seinem natürlichen Zustand belassen. Er besteht aus Felsen und Erde, auf der die einheimische Macchia aus Büschen und niedrigen Bäumen wächst. In die Räume zwischen den Felsen schmiegen sich Terrassen und Wege, die zum Strand und zu geheimen Aussichtsplätzen auf die Küste führen.

Die Terrakottafliesen schaffen einen harmonischen Übergang zwischen den Innenräumen und den Terrassen und Patios draußen. Eine der Terrassen ist mit einem Backofen und einem offenen Kamin ausgestattet und dient als Eßzimmer unter freiem Himmel. Die andere Terrasse liegt vor dem Hauseingang, der von weitem von Felsen und Pflanzen verborgen zu sein scheint. So ist jede Terrasse eine Erweiterung des Wohnraumes nach außen, was auch durch die betont breiten Glastüren, die den Blick nach draußen eröffnen, verstärkt wird. Das Haus profitiert von seiner umschlossenen, vor dem rauhen Wetter geschützten Lage, und macht es so möglich, die zu allen Jahreszeiten schöne Gegend zu genießen.

Gegenüber Eine Einbettung in die natürliche Umgebung war der Leitgedanke des Entwurfs von Alberto Ponis. So gestaltete er eine Speiseterrasse mit einem Dach aus Palmblättern, das auf Pfählen ruht, und eine Felsinsel inmitten des Schwimmbeckens. »Ich respektiere die uralten Granitfelsen mit ihren skulpturhaften Formen und die wilde, ursprüngliche Vegetation«, sagt der Architekt.

Rechts Breite Schiebetüren öffnen sich im Wohnzimmer auf eine Terrasse, wodurch sich der Innenraum nach draußen fortsetzt. Die weißen Segeltuchsofas im Innern bilden mit den Rohrsesseln draußen eine einheitliche Sitzgruppe.

Rechts Der gemütliche Speisebereich im Innern ist mit einheimischen Kunstgegenständen dekoriert. Eine Wetterfahne in Fischform und Korbstühle sind ebenfalls dekorative Elemente in diesem Raum, dessen holzgetäfelte Tür und geschnitztes Wandbrett typisch für die Insel sind.

Marie lavand

Gegenüber Das mit Vorhängen drappierte Himmelbett und das auf Pfosten ruhende Sonnendach aus Palmblättern rahmen den Blick durch ein großes Fenster auf eine scheinbar unberührte Meereslandschaft mit Felsen und der Inselgruppe La Maddalena.

Oben Das Haus bietet von jedem Raum aus einen Ausblick auf die Terrasse und das Meer. So gewährt auch ein zweites Schlafzimmer eine wunderschöne Aussicht. Kletterpflanzen umranken den Balken, an dem die Hängematte hängt.

Rechts Eine mit Fransen verzierte sardische Hängematte hängt an den offenen Dachbalken auf der Veranda, wo Vegetation und Granit sich mit der Struktur des Hauses verbinden.

Zwischen Palmen und Korallen

Polynesische Lagune, Tahiti, Südpazifik

Drei einfache Hütten über dem Wasser bilden das Lagunenparadies des französischen Architekten Jean-Claude Michel. Stämme und Blätter von Palmen dienten als Baustoff dieser Hütten, die auf einem Fundament aus Korallenstein stehen.

Mit der Natur in Einklang zu leben und im Wasser mit Korallensteinen zu arbeiten, ist meine Leidenschaft«, sagt Jean-Claude Michel über sein Leben auf Tahiti in Französisch-Polynesien. Das Heim, das er für sich und seine Familie geschaffen hat, besteht aus einer Gruppe von drei winzigen, nestähnlichen Hütten an einer der abgeschiedenen Lagunen am Rande der Insel. Jede Hütte ist von Hand gebaut und sieht aus wie ein Haus aus grauer Vorzeit oder ein seltsames Naturwunder. Der Ort ist ein Paradies, das an jenes von Robinson Crusoe erinnert.

»Am Anfang habe ich im tahitianischen Stil gearbeitet, aber die Leute hier bauen meistens Häuser, die nur zwei bis fünf Jahre halten, bis sie den Termiten zum Opfer fallen«, sagt Michel. »Das habe ich auch ausprobiert, aber jetzt sind meine Bauten robuster konstruiert. Meine Arbeit strebt jetzt nach mehr Beständigkeit und ist nicht mehr so landestypisch wie früher.« Pfosten aus Palmstämmen auf Korallensteinfundamenten stützen die Plattformen seiner Hütten, deren Dächer mit einem Geflecht aus Palmblättern und faserigen Schindeln gedeckt sind. Unregelmäßige Äste stützen die Wände. Geflochtene Palmblätter finden sich an vielen Wandflächen und umrahmen Fenster und Türen. Wände sowie Fenster- und Türrahmen bestehen aus hellen einheimischen Hölzern, die auch beim Bau der gebogenen Regale und eingebauten Tische, der Sitzgelegenheiten und der Betten verwendet wurden. Viele der unregelmäßig geformten Fenster sind mit Plexiglas verkleidet. Die einzigen geraden Elemente sind die Bretter auf den Böden und Terrassen.

Die Hütten in der Größe von Baumhäusern scheinen in die blaue Lagune hinauszutreten; die üppigen Zweige der Bäume ragen in das klare Wasser und umfangen gleichzeitig die Hütten. Michel und seine Familie leben an diesem abgeschiedenen Ort, umgeben von Fischen, Vögeln, Kokospalmen, Pandanus, Lantana und tropischen Obstbäumen. »Die Natur verschafft uns das Gefühl ständiger Erneuerung«, sagt Michel, der aus der Bretagne hierher gezogen ist. »Als Kind war ich ein leidenschaftlicher Angler, und das hat zu einer Symbiose mit den Elementen der Natur geführt. Sie bestimmt mich jetzt so stark, daß mir die Menschen wie Außerirdische vorkommen.«

Tatsächlich sind die meisten Bewohner Tahitis sehr irdische und naturverbundene Polynesier mit französischen und chinesischen Vorfahren. Die östlichen Passatwinde wehen um ihre Insel, die 1767 von den Engländern entdeckt und später von den Franzosen besiedelt wurde. Als Teil der Iles du Vent teilt sich das nur 53 Kilometer lange Tahiti in einen feuchten Süden und einen trockenen Norden. In der Nähe befinden sich zwei alte, erodierte Vulkankegel, die durch einen Isthmus miteinander verbunden sind; von den Hängen strömen zahlreiche Gebirgsbäche herab, und Korallenriffe und Lagunen wie die von Michel rahmen die stark zerklüftete Küste.

»Ich bin aus Europa geflohen wie eine Ratte von einem sinkenden Schiff«, sagt Michel. Seine Entscheidung, die moderne Gesellschaft zu verlassen, erinnert an die seines Landsmannes Paul Gauguin, der sich ebenfalls auf Tahiti niederließ. »Mein Leben hier ist ein Ausdruck des Protests. Ich will allen zeigen, daß Tahiti ein toleranter, friedlicher Ferner Westen ist, an dem einem das Träumen erlaubt ist. Ich könnte mich nie mehr von der Insel oder meiner Hütte trennen. Der immer gegenwärtige große Ozean über dem Korallenriff schenkt mir die Energie zum Leben.«

Oben links Alle drei Gebäude haben ein solides, wasserresistentes Fundament aus Korallenstein. Eine Brücke aus Baumstämmen führt zur Schlafhütte mit Korallensteinmauern und einem abgeschleppten Vordach aus Palmenblättern über dem Eingang.

Oben rechts Die in die Lagune tretenden Hütten sind nicht größer als Baumhäuser. Die Rahmen der großen Plexiglasfenster sind aus Palmstämmen.

Links Ein Blick auf die Lagune von den großen Fenstern der mittleren Hütte. Die Regale und Einbaumöbel im Innern der Hütten sind aus einheimischen Hölzern hergestellt. »Mein Stil hat sich vom Traditionellen zum Individuellen entwickelt«, sagt Michel.

Gegenüber Die dritte Hütte hat ein Dach aus Palmwedeln und eine kleine Terrasse. Eines von Michels Kindern spielt im klaren, seichten Wasser, in das die üppigen Zweige der Bäume hineinragen.

Am alten Wachturm

Costa Pregonda, Menorca, Spanien

Der steinerne Wachturm aus der Zeit der Jahrhundertwende ist das Kernstück dieses an einem Felshang gelegenen Terrassenhauses auf Menorca. Vom Haus aus führen Stufen zu einem Sandstrand und zu einer einsamen Bucht hinunter.

Aus der Ferne betrachtet, scheint das Anwesen bei Pregonda auf der Baleareninsel Menorca im Fels zu verschwinden – ein Effekt, den Javier Barba beabsichtigt hat. Der in Barcelona arbeitende Architekt hat den Bau zusammen mit Alfredo Vives für einen europäischen Finanzier und dessen Familie entworfen. Das Grundstück an der rauhen Nordküste der Insel liegt an einem steilen Hang über einer einsamen Bucht. »Dieser wunderschöne Felshang, der an einem Privatstrand in einer ruhigen Bucht endet, ist wirklich einer der spektakulärsten Orte an der gesamten Mittelmeerküste, um dessen Schutz sich verschiedene Umweltorganisationen bemühen«, sagt Barba. »Auf Menorca besteht die einheimische Architektur meist aus einfachen, weiß getünchten Gebäuden. Es gibt allerdings noch eine andere traditionelle Bauweise, deren Ursprünge sehr weit zurück liegen. In prähistorischer Zeit war die Insel von Menschen besiedelt, die in Höhlen lebten und zahlreiche Megalithen schufen. Von ihrer Steinbauweise habe ich mich ebenso beeinflussen lassen wie von dem strengen quadratischen Turm, der bereits dort stand.«

Der Entwurf Barbas integriert diesen Wachturm aus der Zeit der Jahrhundertwende in einem 45-Grad-Winkel sowie einige verfallene Gebäude, die ebenfalls dort schon vorhanden waren. Das Anwesen besteht aus einem Ensemble von Wohnbereichen, u.a. einem Haupthaus, einer Terrasse mit Pool und einem in den Hang gebauten Gästehaus. »Meine Vision war ein den Turm integrierender Steinbau in einer kraftvollen, ursprünglichen Form – wie sie jetzt durch die schrägen Steinmauern zum Ausdruck kommt –, der sich in der spektakulären Landschaft behaupten sollte«, sagt der Architekt. Alle Gebäude sind mit Gestein vom Grundstück verkleidet, so daß sich ein kontinuierlicher Übergang zur Landschaft ergibt. Vier Strebepfeiler wirken der stark horizontalen Ausrichtung des Hauses entgegen. An der Südostseite befinden sich die Fenster von Küche, Eß- und Wohnzimmer, die alle einen Blick auf den Pool und auf das Meer eröffnen. Fenster, Pfeiler und Rücksprünge schaffen ein Spiel aus Licht und Schatten. Das über dem Haupthaus gelegene Gästehaus ist mit hölzernen Schlagläden dekoriert, die Erinnerungen an die britische Kolonialzeit wecken; sein Dach ist mit gebrauchten Ziegeln gedeckt und scheint mit dem Berghang zu verschmelzen.

Der Architekt Barba hat dafür gesorgt, daß jeder Raum einen schönen Blick auf die Bucht hat: »Durch die Ausrichtung des Hauses nach Osten konnte ich einerseits die Aussicht optimal nutzen und gleichzeitig erreichen, daß die Sonne weniger intensiv auf die Mauern strahlt. Tief in das Innere des Hauses habe ich ein Atrium plaziert, durch das natürliches Licht einfällt. So sind die Räume hell, und außerdem kann die Luft zirkulieren.« Terrassen, Steinwege und Garten sind bepflanzt mit Kakteen, Zypressen, Lavendel und den für die Bucht typischen gelben Wildblumen. Kletterpflanzen überwuchern die Mauern der Dachterrasse. »Steht man auf der Terrasse, hat man das Gefühl, zwischen den Felsen zu thronen und den Elementen ausgesetzt zu sein«, sagt Barba. »Reduziert man meinen Entwurf auf seine Essenz, so ist er eine Hommage an den klaren, weiten Himmel, das friedvolle Meer und den spektakulären Felshang.«

Gegenüber, oben Ein alter Wachturm erhebt sich über der Dachterrasse des Hauses, das den Linien des Abhangs folgt und mit Gestein vom Grundstück verkleidet ist. Der Garten ist mit einheimischen Gewächsen wie Zypressen, Lavendel und Wildblumen bepflanzt; Kletterpflanzen überwuchern die Mauern der Dachterrasse. Zwischen den großen Glastüren, die von Küche, Eß- und Wohnzimmer auf die Terrasse mit dem Pool führen, erheben sich die vier abgeschrägten Strebepfeiler.

Gegenüber, unten links Durch ein sprossenloses Fenster und die Tür am Ende des Wohnzimmers fällt der Blick auf das Mittelmeer. Gegenüber des gekurvten, eingebauten Sitzbereichs befindet sich ein offener Kamin.

Gegenüber, unten rechts Das in den Hang hinein gebaute Gästehaus ist mit sehr schlichten Einbaumöbeln ausgestattet. Balkendecken, mit Stein verkleidete Wände und Türbögen bestimmen die Atmosphäre des Raums.

Oben Eine Reihe schlanker Holzpfosten trennt den Eingangsbereich vom Wohnzimmer und führt zu einem Alkoven. Der dunkle Stein von Wänden und Böden bildet einen Kontrast zu dem weißen Putz und harmoniert mit den Außenmauern.

Casa de Sol Occidente

Bucht von Careyes, Costa Careyes, Mexiko

Wie eine künstliche Insel inmitten eines lagunenförmigen Pools thront Gianfranco Brignones sonnenförmiges Ferienhaus über dem Pazifik auf einem Felsen an der Costa Careyes. Die Landschaftsgestaltung übernahm seine Tochter, die Fotografin Sofia Brignone.

In der Provinz Jalisco an der mexikanischen Küste zwischen Puerto Vallarta und Manzanillo hat sich in den 60er und 70er Jahren ein spezifischer moderner Ferienhausstil entwickelt, was vor allem auf den Architekten Gianfranco Brignone zurückgeht. Der Italiener, der lange in Frankreich gelebt hatte, verliebte sich Ende der 60er Jahre in die abgeschiedenen Buchten an der mexikanischen Pazifikküste. Er erwarb 2427 Hektar Land und rodete es vom Pferd aus mit einer Machete in der Hand. Nachdem ein Teil des Areals als Naturschutzgebiet ausgewiesen wurde, um die Schildkrötenpopulation zu bewahren, entwarf er an der Costa Careyes ein Ferienhotel mit einem Poloclub und spektakulären Häusern auf den Felsen. Die modernistischen Ferienhäuser mit ihren *Palapa*-Dächern, die in einheimischen Farben gehalten sind, sehen aus wie Pavillons. Wie seit alters her haben die einzelnen strohgedeckten Pavillons keine Wände. Dies wird ermöglicht durch das außergewöhnliche Mikroklima der Region, das nur 20 Regentage im Jahr kennt. Die Häuser scheinen mit der dichten Vegetation, der Felsküste und den Sandstränden zu verschmelzen.

Brignones neuester Entwurf, entstanden in Zusammenarbeit mit dem französischen Architekten Jean-Claude Galibert und den Handwerkern vor Ort, besteht aus zwei durch eine Bucht getrennten Ferienhäusern, die sich jeweils auf einem Felsen über den Pazifik erheben. Die Räume der sonnenförmig angeordneten Gebäude gehen auf einen »Lagunen«-Pool hinaus, der jeweils die Gebäude umgibt und sie zu künstlichen Inselhäusern werden läßt.

Die Wände eines dieser Häuser, der »Casa del Sol Occidente«, formen Flure, verbinden Höfe und bilden einen Rand um den an einen Burggraben erinnernden Pool, dessen Wasser über dem Rand zu schweben scheint. Vieles am Haus weist Elemente mexikanischer Handwerkskunst auf, darunter das *palapa*, die Holzarbeiten und die »Steinteppiche« aus Flußsteinen. »Ich war der erste, der Magneteisen in den Beton gemischt hat«, sagt Brignone. »Man findet es im Sand der hiesigen Buchten, und Studien haben ergeben, daß es eine lebensverlängernde Wirkung hat.« Der Eingangsbereich mit seinen festungsähnlichen Steinmauern erinnert eher an westliche Vorbilder.

Die »Casa del Sol Occidente« und ihr gegenüberliegendes Pendant symbolisieren Brignones Hoffnung, daß Osten und Westen sich eines Tages friedlich vereinigen werden. In das Zentrum der Bucht, an der die Häuser liegen, hat der Architekt einen Meteoriten plaziert. »Wie alle meine Entwürfe beziehen auch diese Häuser die vier Elemente mit ein: Wind, Erde, Feuer – in Form der Sonne – und Wasser in Form der Pools und des Meeres«, sagt Brignone.

»Stellt man das Bett in die Mitte des jeweiligen Schlafzimmers, so hat man eine herrliche Aussicht auf den Ozean. Ich verstehe meine Aufgabe als die eines Bilderrahmers. Meine Häuser sind der Rahmen, die Natur ist das Gemälde.«

Gegenüber, oben links Treppen ermöglichen vielfältige Erfahrungen von Bewegung im Haus. Das Pflaster vor den Stufen, die zu den Schlafzimmern führen, zeigt ein Symbol der Sonne.

Gegenüber, oben rechts Die breite, geschwungene Treppe führt vom Eingang aus zu verschiedenen Ebenen.

Gegenüber, unten links Zu dem offenen, mit *palapa* gedeckten Pavillon im Zentrum des Hauses führt eine breite Treppe, an der eine Skulptur Wache hält.

Gegenüber, unten rechts Zum festungsähnlichen Eingang der »Casa del Sol Occidente« gehört ein Turm mit einer Wendeltreppe und Bogenfenstern mit tiefem Gewände.

Oben Die »Casa del Sol Occidente« ist eines von zwei inselähnlichen Ferienhäusern, die an gegenüberliegenden Seiten einer Bucht an der Costa Careyes liegen. »Ich entwerfe gerne ›Wasserspiegel‹«, sagt der Architekt Brignone. Das Haus scheint in einem runden Pool zu schweben, der den Ozean widerspiegelt. Die Räume sind um eine zentrale *Ramada* mit einem *Palapa*-Dach herum angeordnet. Im terrassierten Gelände stehen kleine, ebenfalls *palapa*-gedeckte Gartenpavillons.

Rechts Wie unter freiem Himmel ißt man im Zentralpavillon mit seinen offenen Wänden und seinem hohen *palapa*-Dach. »Die Pfeiler sind Kopien von Säulen, wie es sie um 1000 v. Chr. im italienischen Cumae gab«, sagt Brignone.

Gegenüber, oben Das Bett der größten Suite steht auf einem Podest, von dem aus man einen schönen Blick auf das Wasser hat. »Ich versuche, den Ozean für meine Gäste zu rahmen«, sagt der Architekt Brignone. Die Ausstattung des Hauses mit seinen schlichten Möbeln und Einbautischen wird durch Skulpturen im Stile der Antike eindrucksvoll unterstrichen.

Gegenüber, unten Durch ein Moskitonetz wirkt die Schlafstelle in einem anderen Gästezimmer wie ein Himmelbett. An den gekurvten Wänden sind gemauerte Kommoden angebracht.

Oben Antike Masken und archaische Skulpturen schmücken die Wand über dem gemauerten Sofa. Der farbenprächtige Bezug der Polster ist ein Beispiel für die Fülle an mexikanischem Kunsthandwerk im Haus.

Wasser am Wasser

Besitzt ein Haus am Wasser einen Pool, so wird damit das bestimmende Element seiner Umgebung ganz nahe an das Haus herangeholt. Ganz gleich, wie das Becken des Pools geformt ist und in welche Umgebung es sich einfügt – die Spiegelung des Lichts auf seiner ruhigen Oberfläche und die Bewegung der natürlichen Wasserfläche daneben bilden einen eindrucksvollen Kontrast. Es ist ein phantastisches Gefühl, in einem Pool am Meer zu schweben, vor allem dann, wenn man eine solche Erfahrung in seinem eigenen, von einer spektakulären Aussicht umgebenen Refugium macht.

In der Antike waren die ländlichen Villen Orte der Zuflucht und der Meditation, was sich bis heute nicht geändert hat. Seit jeher experimentieren Architekten mit verschiedenen Stilen, Formen, Farben und Perspektiven, um die gewünschte Wirkung zu optimieren. Ob sie von Gebäuden oder üppiger Vegetation umgeben sind – Pools an Meeren oder anderen Gewässern bieten ideale Möglichkeiten zur kontemplativen Entspannung.

An Teichen und Seen

Erstaunlicherweise ist es bis heute nicht gelungen, den Unterschied zwischen stehenden Binnengewässern wie Seen, Teichen und Sümpfen genau zu definieren. Man kann allerdings sagen, daß Teiche kleiner sind als Seen und daß in Sümpfen große Mengen von Gräsern, Bäumen oder Büschen wachsen. Seen sind natürliche Wasserbecken auf dem Festland, die sich langsam bewegendes oder stehendes Wasser enthalten. Sie werden aus Flüssen und von zyklischen Niederschlägen gespeist und können eine beträchtliche Größe erreichen. Die Gezeiten wirken sich auf Seen kaum aus, deren Binnenströmungen durch Zu- und Abflüsse und den Wind bestimmt werden. Die Wellen lassen Strände entstehen oder verschwinden und können die Art der Ufervegetation beeinflussen. Seiches – periodische Schwankungen, die das Niveau des Wasserspiegels an einem Ufer steigen und am gegenüberliegenden Ufer fallen lassen – werden durch den Wind und durch Luftdruckveränderungen hervorgerufen. Das meist ruhige Wasser eines Sees oder Teiches kann das Gefühl vermitteln, als stünde die Zeit still. So verkörpert stehendes Wasser die Vorstellung von Sammlung und Reflexion.

Schon immer hatten Wasserwege eine große ökonomische Bedeutung, wobei Seen – wie Flüsse – auch deshalb eine Rolle für die Schiffahrt spielen, weil sie oft eine Verbindung zwischen Binnenhäfen und dem Meer schaffen. Ein anderer Aspekt ist ihr starker ästhetischer Einfluß auf die Landschaft. Sie wirken lebendig und sind eine Spiegelfläche für Bäume und Blattwerk. Mit ihren unterschiedlichen Größen und Formen können Seen und Teiche eine Vielzahl von Stimmungen erzeugen. Claude Monets Seerosenteiche in Givorny waren sein Zufluchtsort und inspirierten den Maler zu einer Serie eindrucksvoller Gemälde. Der amerikanische Schriftsteller Henry David Thoreau zog sich an den Walden Pond im östlichen Massachusetts zurück. Der spirituelle Aspekt der Natur manifestiert sich auch in den Teichen und Seen asiatischer Gärten, wie etwa in der Kaiservilla Katsura in Kyoto, in deren Teich viele Halbinseln und Inseln liegen.

Kanäle bilden hervorragende Verbindungen zwischen den Städten und ihren Vororten. Auch wenn die Mehrzahl der Häuser an den Kanälen von Bangkok, Amsterdam, Venedig und Suzhou eher nüchtern ist, verleiht die Nähe zum Wasser ihnen Glanz und Besonderheit. An den Kanälen der alten chinesischen Stadt Suzhou liegen Parks, in denen das Wasser eine wichtige Rolle spielt. In den mittelalterlichen Städten Japans setzt sich der Burggraben manchmal in einem Kanalsystem fort, das in Kanazawa zwei Flüsse verbindet und in Hikone zum Biwasee führt. In Thailand ist das Kanalsystem von Bangkok ein fundamentaler Bestandteil des Alltags. Vor den auf Pfählen stehenden Gebäuden am Ufer breiten sich einladende tropische Terrassen aus; darunter sind Bootsanlegeplätze. Das im 18. und 19. Jahrhundert geschaffene Kanalsystem Großbritanniens verbesserte die Nutzbarkeit der Flüsse. Inzwischen hat man die durch spätere Baumaßnahmen zerstörte Atmosphäre mit den alten Treidelpfaden wiederhergestellt, so daß die britischen Kanäle wieder geschmackvolle Standorte für Wohhäuser geworden sind.

Ein schwimmendes Haus

Teich und Sumpf, Nantucket, Massachusetts, USA

Im Ferienhaus von Rita und Samuel Robert spiegelt sich die Bautradition Neuenglands wider. Die Terrassen des holzverschalten Satteldachhauses mit weiß gestrichenen Profilen bieten Wohnraum unter freiem Himmel.

Das ist euer Taj Mahal«, scherzte der Architekt Ed Knowles, als er seinen Freunden und Kunden Rita und Samuel Robert an ihrem zehnten Hochzeitstag das Modell dieses Domizils im neuenglischen Stil überreichte, das von blauem Transparentpapier umrahmt war. Tatsächlich ist das mit Zedernbrettern verschalte Haus in Nantucket, das auf einem Teich zu schwimmen scheint, ebenso besinnlich und romantisch wie das berühmte indische Mausoleum – wenn auch etwas bescheidener.

Das drei Hektar große Anwesen der Roberts ist umgeben von einem 120 Hektar großen Naturschutzgebiet, eine Seltenheit im heutigen Nantucket. In Sichtweite darf kein weiteres Gebäude entstehen, so daß der Blick auf die am Horizont auf- und untergehende Sonne unverstellt bleibt. Der Teich, an dessen Ufer einheimische Pflanzen wie Wachsmyrten und blaue Iris wachsen, verschmilzt auf natürliche Weise mit der Umgebung. Das Naturschutzgebiet umfaßt noch ein sumpfiges Gelände mit Preiselbeersträuchern und eine kleine Schonung aus seltenen urzeitlichen Hölzern, die an das Grundstück angrenzt. In dieser wachsen riesige alte Bäume und Tupelos, die nur in Feuchtgebieten gedeihen und im Herbst mahagonifarben leuchten. »Wir waren besessen davon, die Atmosphäre dieser Gegend zu erhalten, die so natürlich ist und wo nichts neu oder künstlich aussieht«, erzählt Sam Robert. »Um das Haus alt erscheinen zu lassen und es dem regionalen Stil anzupassen, haben wir eine Verkleidung aus Zedernbrettern gewählt, die rasch verwittert und grau wird. Zum typischen Stil gehören auch die Giebel und die gebogenen Laubengänge im Garten.« Die Laubengänge zeigen die Kunstfertigkeit des Bootsbauers, der sie errichtet hat. An der Eingangsseite, wo ein kurviger Kiesweg zu einem pergolaartigen Tor führt, ließ Knowles einen Krocketrasen im Stil der englischen Gartenarchitektin Gertrude Jekyll anlegen. Von dieser Seite her gesehen erscheint das Haus wie ein Gartenpavillon; betrachtet man es von der anderen Seite, wirkt es mit seinen knapp über dem Wasserspiegel schwebenden Terrassen beinahe wie ein Hausboot.

Viele Gründe sprachen dafür, ein Haus im Binnenland statt an der Küste zu bauen. Dazu gehörte vor allem, daß ein Haus dort leichter zu pflegen ist und bessere Möglichkeiten der Gartengestaltung bietet, die ein Hobby von Rita Robert ist. Dennoch vermittelt der Teich das Gefühl, am Wasser zu wohnen. Bei gutem Wetter essen die Eheleute draußen auf der Terrasse; auf den Liegestühlen fühlen sie sich wie an Bord eines Schiffes. Diese luftige Atmosphäre herrscht auch im Inneren des Hauses. Durch Oberlichter werden der Koch- und Eßbereich und die Küche mit natürlichem Licht versorgt. »Im Teich haben wir Koi, japanische Karpfen, ausgesetzt«, erzählt Rita Robert. »Am Anfang waren es 50, aber jetzt sind es eher 500. Sie machen nicht nur uns, unseren Enkeln und Gästen viel Freude, sondern vernichten auch noch den Großteil der Moskitolarven.« Die Enkelkinder der Roberts lieben den Teich und sitzen stundenlang an seinem Rand, um die Fische zu beobachten. »Die Bewegungen der Karpfen, die mit unglaublicher Anmut durch das Wasser gleiten, haben etwas Zen-haftes«, sagt Rita Robert. »Wenn sie unsere Schritte hören, steigen sie alle gleichzeitig aus der Tiefe nach oben.«

Der Grundriß des Hauses ist L-förmig, weshalb man aus fast allen Fenstern den Umriß des Hauses als Spiegelbild auf der Wasserfläche sehen kann. Nachts, vor allem bei Vollmond, ist dieses Spiegelbild besonders schön. In der klaren Luft von Nantucket leuchten Mond und Sterne sehr hell und spiegeln sich magisch im Wasser. Ebenso schön ist die Stimmung, wenn geheimnisvolle Nebelbänke die Landschaft verhüllen.

Oben In einem Flügel des L-förmigen Hauses befindet sich die Schlafzimmersuite mit Blick auf den Teich. Ein großer Bogen mit Glastüren und einer Lünette führt auf eine Holzterrasse. Ein Oberlicht in der Giebeldecke mit ihren hölzernen Querbalken erhellt den Raum. Zur Ausstattung gehören ein Bett vier Pfosten aus Fichtenholz und eine Ahorntruhe; den Boden aus Weymouthskiefer wärmen Orientteppiche.

Unten Ein Liegestuhl aus Teakholz wird von der breiten Glastür gerahmt, die vom Wohnzimmer auf die Terrasse führt. Im Innern des gegiebelten Raumes fallen Lichtstrahlen durch ein Oberlicht, das dem Dachfirst folgt. Das große runde Fenster bietet immer neue Blicke auf den Himmel über Nantucket und die vorbeiziehenden Vögel.

Gegenüber Auf der Küchenterrasse ragt eine Sitzbank über das Wasser. »Wir essen oft da draußen«, sagt Rita Robert, »und wenn die japanischen Karpfen unsere Schritte hören, schwimmen sie mit offenen Mäulern herbei in der Hoffnung, gefüttert zu werden.« Die Tupelobäume und die Preiselbeerbüsche, die das drei Hektar große Anwesen der Roberts umgeben, gehören zu einem 121 Hektar großen Naturschutzgebiet, das bis an den Horizont reicht.

Kasteel van's Gravenwezel

Antwerpen, Belgien

Ein stiller Wassergraben und Türme mit konischem Helm und zwiebelförmigem Aufsatz verleihen dem mittelalterlichen Domizil eine eindrucksvolle Präsenz. Das Schloß in der Nähe von Antwerpen wurde jeweils im 15. und 18. Jahrhundert umgebaut.

Umgeben von einem Wassergraben liegt Schloß Gravenwezel zehn Kilometer nordöstlich von Antwerpen in einer bewaldeten Gegend. »Das Schloß, das zum erstenmal im 12. Jahrhundert erwähnt wird, zeigt eine ungewöhnliche architektonische Mischung aus Elementen des 15. und 18. Jahrhunderts«, sagt der bekannte Antiquitätenhändler Axel Vervoordt, der es mit seiner Frau May bewohnt. Der Hauch der Geschichte umweht das Anwesen, das mit seinem mittelalterlichen Portal, der Fassade und Türmen aus dem 18. Jahrhundert und dem Burggraben zu den Wahrzeichen der Gegend gehört.

Vervoordt ist schon seit Jahrzehnten Besitzer des Schlosses und hat es im Stil eines komfortablen Herrenhauses eingerichtet. Obwohl er von hier aus seine Geschäfte fuhrt, erweckt das Schloß weder den Anschein eines Antiquitätengeschäfts noch eines Museums. Jedes Zimmer ist liebevoll gepflegt und nach dem persönlichen Geschmack der Vervoordts eingerichtet. Gleich hinter der Halle liegt die Bibliothek, die May Vervoordt als »Abendzimmer« bezeichnet. Hierher ziehen sich die Eheleute zurück, um sich am Ende eines Arbeitstages zu entspannen. Axel Vervoordts Lieblingszimmer ist gefüllt mit einer ständig wechselnden Sammlung von Kunstgegenständen und Möbeln. »Unser Interesse für Architektur wird auch an unserer Vorliebe für Möbel und Bilder von Architekten deutlich«, sagt Axel Vervoordt. Mit orientalischen Teppichstoffen bezogene Kissen verleihen dem Raum eine gemütliche Atmosphäre, die auch der Jagdhund der Vervoordts zu schätzen weiß, der sein eigenes Kissen vor dem offenen Kamin hat. An der Wand links vom Kamin hängen zwei Kupferstich-Porträts über Bücherregalen, in denen sich – außer alten Büchern – Gipsabgüsse aus dem Atelier eines Künstlers, Holzbeschläge, Intarsienkästchen und Kugeln aus Bergkristall, Holz und Marmor finden. Durch die hohen, rechteckigen Sprossenfenster fällt der Blick auf die Terrassen und Treppen oder direkt auf den Wassergraben, der im Frühling und Sommer mit Seerosen bewachsen ist. Enten und Schwäne besuchen ihn zu allen Jahreszeiten. Vielfach rahmen innen angebrachte Lamellenstores die Aussicht; manche Fenster der Haupträume sind allerdings auch mit Samt oder gebauschtem Satin drapiert. Die Orangerie, in der das Personal sein Mittagessen einnimmt, hat besonders hohe Fenster mit einem wunderschönen Blick auf das Wasser. Die hohen Fenster sind auch von praktischem Wert, weil man durch sie Möbel und sogar antike Parkettböden für die ständig wechselnden Ausstellungen bugsieren kann.

»Im Idealfall entwickelt sich durch die Auswahl der Möbel und Objekte eine symbiotische Beziehung zwischen dem Haus und seinen Bewohnern«, sagt Axel Vervoordt. »Das Haus eines Menschen muß sein liebster Aufenthaltsort sein, ein Raum von besonderer Qualität mit unzähligen kleinen Wegen, auf denen man wandeln kann, um sich wieder zu sammeln. Von großer Bedeutung dabei ist auch die Balance von Natur und Architektur. Wird sie erreicht, dann können Fenster zu Gemälden werden; sie können neue Perspektiven schaffen und zu Öffnungen für neue Möglichkeiten werden.« Vervoordts Arbeitsraum in einer Ecke hat zahlreiche Fenster mit Blick auf das Wasser. Trotz seiner hohen Decke und dem weitgehend nackten Parkettboden aus dem 18. Jahrhundert ist es ein reizvoller, gemütlicher Raum. Ein offener Kamin sorgt für Wärme.

»Das Leben am Wasser läßt ein Gefühl von Sicherheit entstehen. Man lebt geschützt wie auf einer Insel oder einem ewigen Schiff«, sagt der Besitzer des sich im Wasser spiegelnden Märchenschlosses.

Oben Die hohen Fenster des Arbeitszimmers öffnen sich zur Terrasse und dem breiten Wassergraben hin. Die Holztäfelung, der Parkettboden und der Marmorkamin gehen auf den Umbau des mittelalterlichen Baus durch Jan-Pieter van Baurscheit jr. im Régence-Stil zurück. Der Doppelschreibtisch aus Ebenholz stammt aus dem frühen 19. Jahrhundert.

Links Obwohl Vervoordt eine geschmackvolle Umgebung für Antiquitäten und Kunstgegenstände geschaffen hat, ist jedes Zimmer gleichzeitig ein gemütlicher Wohnraum. Dieses Zimmer verweist mit seinen Holzdielen, der Balkendecke und dem schmucklosen Kamin auf das einfache mittelalterliche Erbe des Schlosses. Die moderne Bronzeskulptur ist ein Werk von Lucio Fontana.

Rechts Ein hohes Eßzimmerfenster mit gerafftem Satinvorhang geht hinaus auf die Terrasse und den Wassergraben, der im Frühjahr und im Sommer mit Seerosen bedeckt ist. Enten und Schwäne besuchen ihn das ganze Jahr. Das blauweiße Ming-Porzellan aus dem 17. Jahrhundert auf einem Tisch mit Marmorplatte aus der Zeit Ludwigs XIV. vermittelt den Eindruck eines Stillebens vor dem Hintergrund einer Wasserlandschaft.

Bootshaus-Atmosphäre

Cross Lake, Shreveport, Louisiana, USA

Fenster mit Mahagonirahmen und bugähnlich vortretenden Erkern sind das Dekor dieses Hauses, das wie ein Schiff auf der Halbinsel eines Sees steht. Der regionale Baustil sowie Konzepte Palladios und Wrights haben den Entwurf beeinflußt.

Als Landhaus im Stile Andrea Palladios bezeichnet der Architekt Christopher Coe den Entwurf für dieses Haus an einem See in Louisiana. Coe bezieht sich dabei auf Ausführungen des italienischen Renaissancearchitekten zur Form der idealen Villa.

»Die Lillichs, meine Auftraggeber, interessieren sich beide sehr für Architektur. Sie wünschten sich ein einzigartiges modernes Domizil, das dennoch auf den bewährten Prinzipien der traditionellen Architektur basiert. Als Beispiele nannten sie die Herrenhäuser in Louisiana, Häuser in der Karibik und auf den griechischen Inseln und Entwürfe von Frank Lloyd Wright und Palladio«, sagt Coe. Die Symmetrie, die Giebelformen und der weiße Putz sind traditionelle Elemente und verleihen dem dreiteiligen Gebäude eine mediterrane Atmosphäre. Die Formen und die Ausgestaltung der Details hingegen sind entschieden modern. Coe wollte dem Haus den Charakter eines Familienwohnsitzes verleihen, ohne den repräsentativen Aspekt zu vernachlässigen; seine Bauherren wünschten sich eine Ausrichtung auf den See und die maximale Ausnutzung des natürlichen Lichts. »Wir wollten soviel vom Wasser sehen wie möglich, und da ist Chris mit diesem Entwurf gekommen, der das Gästehaus und das Bootshaus rahmt. An fast jedem Ort im Haupthaus haben wir einen Blick auf das Wasser«, berichtet Sherrie Lillich.

Am Seeufer stehen sich zwei zweistöckige Giebelhäuser an einem Pool gegenüber. Sie liegen links und rechts vor dem Haupthaus und rahmen den ruhigen Blick, den die Lillichs auf den See genießen. Schon von der langen Zufahrt aus kann man direkt durch den Mittelteil des Haupthauses – er hat doppelte Geschoßhöhe und enthält Halle und Wohnzimmer – hindurch auf die Spiegelungen des Schwimmbeckens und des Sees sehen. Ein weiterer schöner Blick auf den See bietet sich durch den langen Gang mit Giebeldach, der die runde Vorfahrt mit zwei angrenzenden Garagen verbindet. »Die beiden kleineren Gebäude, das Bootshaus und das Gästehaus, stehen zu beiden Seiten der Mittelachse des Haupthauses«, sagt Coe. Unter dem Gesichtspunkt der Symmetrie betrachtet, könnte man das Häuserpaar am See als die beiden Flügel des Haupthauses betrachten. Durch den symmetrischen, H-förmigen Grundriß des Haupthauses mit seinem voll verglasten Mittelteil bildet das Ensemble mit den Nebengebäuden am Wasser einen U-förmigen Hof.

»Wir gehen so gern auf die Terrasse, um die Vögel zu beobachten und um nahe am Wasser zu sein«, sagt James Lillich. Die geschützte Bucht lockt viele Vogelarten an. Begeistert beschreibt Sherrie Lillich die Tiere, mit denen die Familie den Ort am Wasser teilt: »Wir sehen Stockenten und verschiedene andere Entenarten, die gelegentlich über unseren Hof marschieren und in den Pool gleiten. In den Bäumen gegenüber nisten Kormorane. Sie kommen in der Abenddämmerung, einer nach dem anderen, und setzen sich jeder für sich auf einen eigenen Ast. Sie sind so weiß, daß sie aus den grünen Bäumen hervor leuchten. Von einer bestimmten Entenart kommen im Spätherbst Tausende hierher.« Ein großer Pluspunkt des Hauses sind die vielen Wassersportmöglichkeiten. »In fünf Minuten sind wir schon draußen auf dem See«, sagt James Lillich.

Durch seine Lage am Seeufer ist das Haus nicht nur ein praktisches permanentes Heim, sondern auch ein Ferienhaus. Wie jene ideale Villa Palladios folgt es dem Diktum des Renaissancearchitekten, ein Haus solle »Nahrung für Geist und Körper« bieten, um den Menschen »wiederherzustellen und zu erfreuen«.

ADAMS

Gegenüber Gästehaus und Bootshaus sind so plaziert, daß sie die Aussicht auf den See flankieren. Vom Steg über dem Wohnbereich im Hauptgebäude blickt man auf das Gästehaus an einer Seite des Pools. Die Glaswände und das durchgehende Pflaster aus französischem Kalkstein schaffen eine Verbindung zwischen drinnen und draußen.

Links oben Das Bootshaus mit seinem Satteldach aus Schiefer steht am Ufer, wo sich die ruhigen Spiegelungen des Sees im Pool fortsetzen. Dan Kiley hat den Garten so gestaltet, daß er einen fließenden Übergang zur Landschaft mit ihren bemoosten, im Wasser stehenden Zypressen bildet. »Die Zypressen draußen im Wasser wechseln zu jeder Jahreszeit die Farbe«, sagt Sherrie Lillich.

Links Mitte Der auf den See zulaufende Pool liegt an der Längsachse des Hauses. Die dem Wasser zugewandte Fassade des Hauses bietet einen optimalen Ausblick. Natürliches Licht fällt durch den verglasten Mittelteil und die Terrassentüren der Flügel.

Links unten Der See ist durch den zweigeschossigen Mittelteil selbst vom Eingang her sichtbar. Die symmetrischen Giebel und der weiße Putz sind traditionelle Elemente, die dem Haus aber eine moderne, mediterrane Atmosphäre verleihen. Die Tür- und Fensterrahmen aus Mahagoni sowie die Dachrinnen aus Kupfer setzen farbliche Akzente.

Oben Das luftige hohe Wohnzimmer mit der Brücke zeigt wieder Anleihen bei der Schiffsarchitektur. Die Stahlgeländer, die Türen, die Fenster und Möbel aus Mahagoni sowie das hellbraune Kalksteinpflaster und die mit Segeltuch bezogenen Decken sind aus finnischen Materialien. Kathryn Hampton Coe hat das Interieur mit den modernen Möbeln der Lillichs und Reproduktionen bekannter Bilder des 19. und 20. Jahrhunderts ausgestattet.

Turmhaus zwischen Bäumen

Naivashasee, Nairobi, Kenia

Am Naivashasee bei Nairobi leben viele Vogelarten, darunter der seltene Fischadler. Hier, inmitten von Akazien, steht der spitze achteckige Turm, den das Ehepaar Cunningham-Reid in seinem 200 Hektar großen Wildgehege als exotisches Refugium errichtet hat.

Colobusaffen, Geparden, Giraffen, Antilopen und Zebras sind die Bewohner des Ufers des kenianischen Naivashasees. Auch Flußpferde, Wildesel und seltene Fischadler tummeln sich dort. Alle diese Tiere teilen ihr Domizil mit Dodo und Michael Cunningham-Reid.

Der See gehört zum einstigen Anwesen der Familie Delamere. Als Stiefsohn von Lord Tom Delamere hat Michael Cunningham-Reid nicht weit von hier seine Jugend verbracht. Weil er sich in die Landschaft verliebt hatte, kauften er und seine Frau Dodo später ein 200 Hektar großes Grundstück am Ufer des Sees, das heute ein Wildgehege und ein Urlaubsdomizil ist.

»Ich habe eine exzentrische Form für unser Haus gewählt, weil die phantastische Natur drumherum dies so verlangt«, sagt Dodo Cunningham-Reid. »Alles andere hätte zu gewöhnlich ausgesehen.« Die Holzwände und die achteckige Form verweisen auf den europäischen Hintergrund der aus Deutschland stammenden Dodo. Die Akazien, die für die Seen des Rift Valley typisch sind, haben Höhe, Farbe und Grundriß des Turmes inspiriert. Das mit Kupfer gedeckte und mit kenianischer Zypresse verkleidete Gebäude hat zwei breite untere Geschosse mit Wohn- und Eßräumen; im schmaleren Turm befinden sich die Schlaf- und Arbeitszimmer und die Aussichtsbalkons.

Im See und an seinen Ufern kann man zahllose Tiere beobachten. »Meine Lieblingsräume sind das Arbeitszimmer im siebten Stock und der Salon im Erdgeschoß«, sagt Dodo Cunningham-Reid. »Von beiden blickt man auf den See, die Berge und den weiten Himmel.« Die Hausherrin hat alle Möbel und Kunstgegenstände selbst ausgesucht; manches ist europäisch, anderes kommt aus der Gegend. »Viele der Antiquitäten, zum Beispiel der neugotische Tisch im Wohnzimmer, stammen aus dem Besitz meiner Mutter, Lady Mary Delamere«, berichtet Michael Cunningham-Reid.

Ursprünglich wollten die Cunningham-Reids das Haus ausschließlich als privates Ferienhaus nutzen. Sie luden Freunde ein, die wiederum andere Freunde einluden, um diesen einzigartigen Ort in Gesellschaft anderer Menschen zu genießen. Schließlich ließen die Eigentümer sich dazu überreden, den Turm am Naivashasee als exklusives Hotel Garni zu öffnen. Die Gäste bewohnen die wunderschönen Zimmer mit ihrer faszinierenden Aussicht und frühstücken auf dem Rasen und auf der Terrasse im ersten Stock mit Blick auf den friedvollen See und die phänomenale Landschaft.

»Dies ist bestimmt einer der schönsten Orte auf der ganzen Welt«, sagt Dodo Cunningham-Reid. »Wo sonst kommen Giraffen aus dem Busch, um dich zum Frühstück zu begrüßen? Wo sonst wecken dich Flußpferde im Morgengrauen? Nachts ziehen Nebelschwaden vom See heran, und in der Regenzeit taucht der Himmel die Erde in Rosa und Purpur. Es ist ein Ort, an dem man Ruhe und Entspannung finden kann.«

Oben Vom Schlafzimmer der Eigentümer im dritten Stock blickt man nach allen Seiten durch Glastüren mit quadratischer Sprossenteilung auf die Terrasse. Die Wandtäfelung ist aus Mahagoni, das mit weißer und gelber Farbe aufgehellt wurde. Das vergoldete französische Schlittenbett und der Schreibtisch stammen aus dem 19. Jahrhundert.

Gegenüber Dodo Cunningham-Reid entwarf das Haus als exzentrische Hommage an die natürliche Umgebung.

Rechts »Das Interieur ist mit Londoner Möbeln, französischen Antiquitäten und europäischen wie einheimischen Stoffen ausgestattet«, sagt Dodo Cunningham-Reid. Der Blick in eine Ecke der mahagonigetäfelten Bibliothek zeigt eingebaute Bücherregale und eine verglaste Doppeltür mit Sprossenteilung. »Wie auch im Wohnzimmer blickt man über die Terrasse und dann weit über den See, die Berge und die Bäume.«

Venezianische Renaissance

Lake Worth, Palm Beach, Florida, USA

An einem See in Florida hat Addison Cairns Mizner in den 20er Jahren einen venezianischen Palazzo erbaut, der vor kurzem renoviert wurde. Der Palazzo, der als Feriendomizil gedacht war, ist mit einem Bootssteg sowie runden und kleeblattförmigen Bögen ausgestattet.

Wenn die Bewohner auf ihrer Terrasse angeln, die von den Flügeln des U-förmigen Gebäudes geschützt wird, schauen sie auf eine glitzernde Lagune in der Nähe von Palm Beach, Florida. Mitte der 20er Jahre inspirierte die Umgebung den Architekten Addison Cairns Mizner zu diesem venezianischen Palazzo. Durch den Erwerb eines »Cottages« von Mizner konnte man früher allerhöchstes gesellschaftliches Ansehen erlangen, und auch dieser Bau – die »Casa di Leoni« – enttäuschte nicht. Sie hat die glanzvolle Ausstrahlung der Häuser am Markusplatz in Venedig. Ein großer geflügelter Löwe schmückt das Tympanon über dem Eingang, eine Reverenz an den ersten Besitzer des Hauses, Leonard »Leo« Thomas.

Mizner, der den »Palm Beach Style« begründete, schuf Häuser, die an eine verfallene Pracht erinnern sollten, wodurch er der neureichen Gesellschaft eine Vergangenheit verlieh. Um dem Palazzo Patina zu verleihen, verwendete er eine in Florida heimische Zypressenart, die sonst nur für Pfeiler und Zaunpfosten benutzt wird, und ließ die Simse, Balustraden und Reliefs von seinen Handwerkern mit dem Vorschlaghammer bearbeiten. Zudem mußten die Männer in genagelten Stiefeln die Betontreppe hinauf- und hinabmarschieren, um eine jahrelange Benutzung vorzutäuschen. Noch heute wird die »Casa di Leoni« von dieser Atmosphäre bestimmt, obwohl der heutige Besitzer das Haus vor kurzem von dem Innenarchitekten Howard Slatkin einfühlsam renovieren und umgestalten ließ. Als typisches Haus im Mizner-Stil ist das kleine Urlaubsdomizil mit einem Bootssteg sowie Dächern, Fenstern, Gärten und Terrassen auf verschiedenen Ebenen ausgestattet. Überall finden sich venezianische Bögen, Holzdecken im Mudéjar-Stil, maurische Laternen und Gitterwerk. Anders als traditionelle venezianische Bauten, aber ähnlich wie andere Entwürfe Mizners, folgt die »Casa di Leoni« dem U-förmigen Grundriß spanischer Haciendas, um die Luftzirkulation zu verbessern. Im Erdgeschoß befindet sich ein Billardzimmer; in Salon und Eßzimmer fällt der Blick durch eine Vielzahl hoher, schlanker Türbögen auf die Lagune. Das Schlafzimmer des Hausherrn im ersten Stock hat auf zwei Seiten eine von Balustraden gerahmte Aussicht auf das ruhige Wasser.

Mizner hatte eine Vorliebe für eine Mischung aus spanischen, maurischen und italienischen Elementen. Besonders der venezianische Stil hatte es ihm angetan, weil dieser gotische und barocke Formen vereint. Viele der ursprünglichen architektonischen Details der »Casa di Leoni« sind heute noch vorhanden. Howard Slatkin verstärkte die mediterrane Atmosphäre, indem er im Hof einen Wandbrunnen anbrachte und den Boden mit einheimischem Muschelkalk pflastern ließ. Speziell angefertigte Verzierungen und Borten – wie etwa Quasten – und eine arabische Decke spielen mit den venezianischen Motiven. So bleibt die »Casa di Leoni«, heute das Urlaubsdomizil einer jungen Familie, von spielerischer Extravaganz geprägt. Das Haus und seine Ausstattung vermitteln das Gefühl einer jahrhundertealten, verfallenen Pracht.

Oben Der Salon ist mit reichen, vielfach gemusterten Textilien ausgestattet. Das Interieur hat Howard Slatkin für den amerikanischen Geschäftsmann gestaltet, in dessen Auftrag er das Haus vor dem drohenden Verfall rettete. Slatkins Restaurationsarbeiten an den Balkonen und den sich zum Hof öffnenden Glastüren wurden 1995 mit dem Ballinger-Preis der Stiftung für Denkmalschutz von Palm Beach ausgezeichnet.

Links Bis zur Decke reichende Glastüren öffnen das Eßzimmer zur Terrasse hin und gewähren einen Blick auf die Lagune. Abweichend von Mizners ursprünglichem Entwurf hat Slatkin die Decke mit zeltartigen Stoffbahnen verkleidet.

Gegenüber Diese Ecke in der Bibliothek zeigt Slatkins Vorliebe für die Kombination unterschiedlicher Muster auf Dekorstoffen und synthetischem Fell. Die Ausstattung, die wenig mit Mizners eigenem opulenten Stil gemeinsam hat, stellt eine Neuinterpretation des »Palm Beach Style« dar, den Mizner ursprünglich inspiriert hatte.

The Gardens of Versailles
Nineteenth-Century Decoration
THE ART OF THE INTERIOR
GERE
ABRAMS

Erinnerungen ans Mittelalter

Ortasee, San Giulio, Italien

Das schiefergedeckte Steinhaus, das früher als Taverne, Poststation und Gasthof diente, stammt aus dem Jahre 962. Die Gebäude auf dem Grundstück, das ursprünglich bis zum Ufer des Sees reichte, wurden zu Wohnhäusern umgestaltet.

Vor dem uralten Gebäude steht ein Eßtisch unter einer mit Weinlaub überwucherten Pergola. Von dort hat man einen Blick auf die winzige Insel San Giulio, die sich wie eine Fata Morgana aus dem dunkelblauen Wasser des norditalienischen Ortasees erhebt. Das vor tausend Jahren errichtete Haus, das ehemals ein öffentliches Gebäude war, ist erfüllt vom Geist der Geschichte. Wie andere architektonische Relikte der Region ist es ein Beispiel für die einfache lokale Architektur des Mittelalters.

Das Gebäude war ursprünglich der Aufenthaltsraum für Reisende, die auf die Postkutsche warteten. Heute existieren nur noch wenige Gebäude aus jener Zeit, deren Formen und Materialien dem Verfall standgehalten haben. Der große, von einem schönen Steingewölbe überdeckte Pferdestall dient jetzt als Garage; im Erdgeschoß, in dem früher die Taverne und die Gästezimmer untergebracht waren, steht ein aus alten Steinen rekonstruierter offener Kamin.

Die Ansicht des Hauses wird von dem hohen, geneigten Schieferdach bestimmt, das auf nordeuropäische Einflüsse hinweist. Es steht in märchenhafter Lage auf einem grünen Hang mit Blick auf den See. Bei der einfühlsamen Renovierung hat der Architekt Mario Tedeschi mit der Gartenarchitektin Elena Balsari Berrone zusammengearbeitet. Heute stehen auch andere Gebäude auf dem Grund des alten Anwesens, das früher bis zum Ufer reichte, und das auch heute noch sehr weitläufig ist.

Tedeschi, der das Innere des Hauses den heutigen Bedürfnissen entsprechend komfortabel gestalten wollte, hat die Außenmauern in ihrer alten Form belassen und auch die Innenwände so wenig wie möglich verändert. Neue Elemente wie zwei Säulen aus Granit fügen sich harmonisch ein. Der Architekt hat sich bei der Neugestaltung der Räume an die Anordnung und Atmosphäre des alten Anwesens gehalten und in Zusammenarbeit mit den Handwerkern vor Ort traditionelle Bauweisen angewendet.

Das Wohnzimmer ist voll von Antiquitäten und Kunstwerken. An den alten Balken hängen Teile eines Teppichs von Tino Bellini, neben dem steinernen Kamin hängt ein Gemälde von Federica Marangoni. Der Mittelpunkt des Raumes ist ein großer, fünfeckiger Tisch aus der Lombardei, der aus dem 16. Jahrhundert stammt. Neben dem Fenster leuchten Glaskugeln und eine französische Glaslampe im Widerschein des Lichts, dessen Einstrahlung sich je nach Jahreszeit verändert.

Die offene Speiseterrasse des Hauses ist dem See zugewandt. Das Eßzimmer im Innern ist in natürlichen Farben gestrichen: Gelb, Ocker, Graugrün und Chamois. Zwei Granitsäulen flankieren zwei mongolische Holzpferde aus dem 17. Jahrhundert. Im Schlafzimmer mit seiner alten Balkendecke steht ein neapolitanisches Empirebett in Schlittenform. Es paßt zu der Leidenschaft der Eigentümer für historische Gegenstände, daß die Möbel und Objekte von einer rustikalen, handwerklich geschaffenen Struktur umschlossen werden – von Holzpfosten, Dachsparren, Balken und dem rekonstruierten Schieferdach. Überall im Haus sind die Wände mit antiken Tapisserien dekoriert, die ihnen Wärme, Farbe und Struktur verleihen. Durch die Fenster des mittelalterlichen Gebäudes fällt der Blick auf den Garten und den See.

Gegenüber, oben Noch aus der Zeit des Mittelalters stammen die niedrige Balkendecke und der rekonstruierte Steinkamin, die den historischen Charakter des Wohnzimmers betonen. Regale, Bücherstapel auf einem niedrigen Tisch, Kunstwerke und Antiquitäten machen auf die vielfältigen Interessen der Bewohner aufmerksam. Die Umgestaltung des Hauses wurde von der Stiftung Erbea e Montani di Orta San Giulio überwacht.

Gegenüber, unten links In einen Raum im Erdgeschoß wurde eine moderne, mit Ziegeln gepflasterte Küche in Zeilenform eingebaut.

Gegenüber, unten rechts An einer Seite des Dachgeschosses sind ein Bade- und Ankleidezimmer untergebracht. Zahlreiche Handwerker haben bei der Renovierung mitgearbeitet, darunter der Schreiner Luigi Pozzi di Cantù.

Oben Wilder Wein umrahmt den Blick auf die Häuser der winzigen Insel San Giulio, die wie ein mittelalterliches Trugbild aus dem Ortasee aufsteigt. Die umwucherte Pergola beschattet einen Eßtisch im Freien.

Oben An den Wänden des Eßzimmers mit ihren Gelb-, Ocker-, Graugrün- und Chamoistönen spiegeln sich die natürlichen Farben, die hinter den Bogenfenstern zu sehen sind; die neue Säule aus grauem einheimischen Granit paßt sich dem Stil des ursprünglichen Baus an. Das mongolische Pferd stammt aus dem 17. Jahrhundert.

Unten Eine neue Treppe führt unter das alte Giebeldach. Bei seiner Renovierung ging der Architekt auf die heutigen Wohnbedürfnisse ein, ohne die ehemalige Struktur des Hauses zu stark zu verändern. So entspricht das umgestaltete Treppenhaus der Raumfolge des alten Gebäudes.

Gegenüber Ein neapolitanisches Empirebett in Schlittenform beherrscht das Schlafzimmer, in dem die ursprünglichen Deckenbalken und Wände erhalten geblieben sind.

Belvederes und Pavillons

Möchte man die uneingeschränkte Aussicht auf das Wasser genießen, so sind Belvederes die ideale Lösung. Belvederes sind freistehende Bauten, die mit völlig offenen Seiten oder mit vielen Fenstern einen Rundumblick gewähren. Sie vermitteln einem das Gefühl, das man auf dem offenen Meer genießt, wenn man den wechselnden Winden und Gerüchen und dem Spiel von Sonnen- oder Mondlicht ausgesetzt ist. Ohne einen tieferen praktischen Nutzen laden Belvederes und Pavillons einfach zum beschaulichen Verweilen ein. Man kann dort die Aussicht genießen, meditieren oder eine romantische Verabredung treffen – alles ganz in der Nähe des Wassers.

Viele der extravaganten Wohnhäuser am Wasser hingegen öffnen sich der Aussicht nur auf begrenzte, sorgsam berechnete Weise. Es sind kontemplative, mitunter sogar melancholische Orte, die zur Reflexion, zum Lesen oder Schreiben gedacht sind. Das nahe Wasser, das man vielleicht weniger sieht als hört, wirkt dabei sanft inspirierend. Belvederes, oft spielerische oder verkleinerte Imitationen historischer oder regionaler Gebäude, können einem Anwesen am Wasser einen anmutigen und unkonventionellen Akzent verleihen.

Bildnachweis

James Alinder: 13

Michel Arnaud: 180–183

Robert Emmett Bright: 20–25, 58–59 (oben rechts), 93 (rechts und unten), 124–129, 140–145, 161 (unten rechts und unten Mitte), 184–189

Sofia Brignone: 6–7, 93 (oben rechts), 154–159, 160 (oben links)

Steven Brooke: 58 (oben links), 62–65, 172–175, 191 (rechts)

Tim Buchman: 121 (unten rechts)

Lluis Casals: 150–153

Mario Ciampi: 66–67, 68 (oben rechts, unten links und unten rechts), 69

Daria Scagliala & Sijn Brakkee: 120 (unten links)

Scott Francis/ESTO: 120–121 (unten Mitte), 121 (oben rechts)

Mitsumasa Fujitsuka: 2

Jeff Goldberg/ESTO: 60–61, 74–79, 120 (oben links), 130–133, 160 (unten links), 191 (oben), 190–191 (unten rechts)

Heidi Grassley: 11, 58–59 (unten links), 70–73, 80–83, 92 (unten Mitte und unten links), 96–101, 120–121 (oben rechts), 164–167, 190–191 (oben rechts)

Kees Hageman: 170–171

Alexander Hansen: 40–43, 160–161 (unten rechts)

Stephen W. Harby: 14, 17, 191 (unten)

Thomas A. Heinz: 1

Michael Jensen: 88–91, 92–93 (oben rechts)

Lourdes Legorreta: 116–119

Bertrand Limbour: 168–169

Mike Moore: 26–29

Jonathan Pilkington: 162–163, 176–179, 190 (unten links)

Antonio Quaresma: 112 (unten rechts)

João Ribeiro/Editora AÇÕA Publicações LTDA: 110–111, 112 (oben) 113–115

Willy Rizzo: 44–47

John C. Russell: 102–105

Deidi van Schaewen: 18–19, 30–33, 34–39, 48–53, 54–57, 58 (links) 59 (oben rechts, rechts und unten), 84–87, 121, (oben Mitte), 134–139, 160–161 (oben rechts), 161 (oben rechts), 190 (oben links)

Hisao Suzuki: 68 (oben links)

Christopher Simon Sykes: 94–95, 106–109

Marie-Hélène Villierme: 122–123, 146–149

Michael Webb: 6 (links), 92 (oben links)